오늘 나를 다듬다

Refining myself

_____ 님께 이 책을 드립니다.

오늘
나를
다듬다

초판 1쇄 인쇄 | 2019년 8월 15일
초판 1쇄 발행 | 2019년 8월 15일

지은이 | 현상길
펴낸이 | 안대현
펴낸곳 | 도서출판 풀잎
등 록 | 제2-4858호
주 소 | 서울시 중구 필동로 8길 61-16
전 화 | 02-2274-5445/6
팩 스 | 02-2268-3773

ISBN : 979-11-85186-76-4 03190

• 이 도서의 국립중앙도서관 출판예정도서목록(CIP)은 서지정보유통지원시스템 홈페이지(http://seoji.nl.go.kr)와
국가자료공동목록시스템(http://www.nl.go.kr/kolisnet)에서 이용하실 수 있습니다.
(CIP제어번호 : CIP2019029248)

매일 읽는 행복
희망을 키우는 변화와 성장

Refining myself

현상길 지음

도서출판

아무리 세상이 빠르게 변화하고 새로운 문화가 등장하여 사람들의 삶의 패턴이 바뀌어도, 우리에겐 언제나 변하지 않는 소중한 바람이 있습니다.

'나는 오늘을 행복하게 살고 싶다.'

이 책에는 이런 바람들을 담아 보았습니다.

또 이 책엔 희망을 품고 배우며, 성취와 자아실현을 꿈꾸는 젊음들과 함께, 그리고 행복한 오늘을 살고 싶은 우리 시대의 많은 생활인들과 함께 나누고 싶은 소소한 생각들이 들어 있습니다.

세상에서 가장 소중한 것은 무엇일까요?

그것은 '나'일 것입니다. 나는 생명이고, 우리의 시작이며, 우주를 빛내는 별과 같은 존재이니까요. 그리고 그런 '나'를 이루는 많은 요소들 중에서 가치 있고 아름다운 것들을 고른다면, 아마 이 셋이 아닐까요?

'나의 마음', '나의 오늘', '나의 우리'.

나는 '마음'으로써 존재가 완전해집니다. 마음이 없는 나는 움직이는 물체, 뼈와 살로 된 기계에 불과하지요.

그 마음에는 문이 있습니다. 모든 행복은 열린 마음의 문으로 들어와 마음 안에서 흐르며, 마음의 문 바깥 세상으로 퍼집니다. 나를 적시고 번져 나간 행복은 강물처럼 흘러 너른 세상에 사는 다른 이들의 마음도 촉촉히 적셔 주지요.

그러므로 내 마음의 문은 행복이 잘 들어오고 나갈 수 있도록 부드럽게 가꾸고 다듬어져야 합니다.

이 책의 첫 부분은 그런 뜻에서 '마음을 다듬는 오늘'입니다.

나는 '오늘'에만 존재합니다.

어제는 이미 사라져 버렸고, 내일은 아직 어둠조차 없지요. 나는 매 순간 드러나는 오늘의 시간과 공간에만 존재하는 생명입니다. 나는 날마다 새롭게 태어납니다. 어제의 나는 없습니다.

　오늘 나는 새롭게 출발하며, 도전하며, 변화하며, 성취합니다. 이 새로움의 인식은 오늘의 행복을 여는 희망의 열쇠입니다.

　그래서 이 책의 두 번째 부분은 '새로워지는 오늘'로 이름 지었습니다.

　나는 '우리'와 함께 존재합니다.

　혼자 있는 것 같아도 나는 내가 속해 있는 수많은 우리 속에서 살아가는 공존과 상생의 운명체입니다. 나는 우리라는 몸과 결코 떨어질 수 없는 지체입니다. 그것이 나의 본질입니다.

　의식주, 생각, 행동 등 내 삶의 전부는 우리와 함께할 때 비로소 존재 의미를 갖지요. 우리 가운데에서 나는 매 순간 사람들과 서로 사랑하고 미워하며, 화해하고 나누며 살아가고 있습니다. 꿈, 희망, 행복 들은 모두 우리의 평화 안에서만 가치 있는 삶일 수 있지요.

　그래서 이 책의 세 번째 부분은 '함께하는 오늘'이 되었습니다.

꿈을 품고 배우는 오늘의 젊음들, 그리고 일터에서 가정에서 희망을 일구는 모든 생활인들의 행복한 오늘을 위해 하루 한 편의 조그만 글을 전해 드립니다.

이 글들을 읽으며 오늘을 사는 나의 마음을 다듬어 보고, 어제보다 더 새로워지는 오늘을 맞이하며, 나와 같으면서도 다른 우리 안의 많은 이들과 함께 나의 행복을 나누게 되기를 바랍니다.

언제나 따뜻한 우리의 '풀잎출판사'에 감사드립니다.

2019년 5월
현 상 길

CONTENTS

part III 함께하는 오늘

part Ⅰ

마음을 다듬는 오늘

첫째 날

지나쳐 버린 옥수수

'아, 오늘은 불행한 날이 될 거야.'

하루를 향해 첫 걸음을 내디디면서 이렇게 생각하는 사람도 있을까요?

우리는 모두 나의 오늘은 분명 행복한 하루가 되리라는 희망을 품고 출발의 문을 엽니다.

만약 여러 개의 '오늘'이 진열되어 있어서 아침마다 나의 것을 선택할 수 있다면 어떤 것을 고를까요? 당연히 제일 기쁘고 즐겁고 행복한 오늘이겠지요. 맛있는 것 많이 먹는 오늘, 수입이 짭짤한 오늘, 멋진 이성을 만나는 오늘도 인기를 끌 것입니다.

그런데 한 번 선택한 후엔 결코 되돌릴 수 없다면, 자신이 고른 그 오늘을 혹시 이런 생각 속에 불편하게 시작하지는 않을까요?

'내가 잘 골랐나? 저녁에 후회하진 않을까?'

그러고는 종일토록 걱정과 불안, 또는 다른 오늘을 고르지 못한 후회 속에 지낼지도 모릅니다. 선택한 책임은 오로지 나에게 있으니 남 탓도 할 수 없겠지요.

아프리카의 어느 부족은 결혼을 앞둔 여성들을 대상으로 흥미로운 이벤트를 진행합니다.

옥수수밭에서 이루어지는 게임인데, 먼저 참가 여성들에게 길이가 동일한 이랑 하나씩을 배당해 줍니다. 그런 다음, 게임에 참가한 여성들은 각자의 이랑에서 자기가 보기에 제일 좋다고 선택한 옥수수 하나씩을 따옵니다.

그리고 나서 그것들을 모아 서로 비교한 뒤, 가장 크고 잘 익은 옥수수를 따온 여성이 우승을 차지하며, 푸짐한 상품도 타게 되지요.

이 게임에도 규칙이 있습니다.

첫째, 지나간 옥수수나무에겐 되돌아갈 수 없다.

둘째, 마음에 드는 옥수수 딱 하나만 따야 한다.

셋째, 한 번 땄으면 도중에 더 좋은 것이 보인다고 해서 바꿀 수 없다.

즉, 단 한 번으로 선택은 끝난다는 것이죠, 냉혹하게도.

그러다 보니 참가 여성들은 자신의 이랑에서 옥수수를 고를 때 신중에 신중을 기하고, 딸까 말까 망설이기를 여러 번 되풀이합니다. 고르려고 하는 옥수수 앞에서 이게 정말로 제일 좋은지 확신할 수 없어 발을 동동 구릅니다.

어떤 결과가 예상되나요?

한참 후, 옥수수밭에서 나오는 여성들은 하나같이 풀이 죽고 실망한 모습들이라고 합니다. 그리 크지 않은 옥수수 하나씩을 손에 들고서 말이죠.

그녀들은 자꾸 자기가 지나쳐 온 이랑에 서 있는 옥수수들에게 미련이 남은 눈길을 주며, 아쉬운 한숨을 내쉽니다.

왜 그렇까요?

아마 그녀들은 이렇게 생각하겠지요.

'아까 그게 훨씬 큰 옥수수였는데…. 그걸 딸 걸. 괜히 욕심 부렸어, 더 큰 게 있을 줄 알고. 아, 아까워.'

미래를 준비하며 결혼을 앞둔 여성들에게 이 이벤트는 특별한 뜻으로 다가옵니다. 옥수수는 자신이 선택한 배우자를 상징하기 때문이겠죠.

그러므로 이 아프리카 부족의 전통적 행사는 여성들에게 이런 메시지를 전해 주고 있을 것입니다.

'지금 네 앞에 있는 배우자가 최고의 짝이다. 그러니 뒤돌아보지 말고, 네 선택을 후회하지도 마라.'

이 부족의 여성들이 좋은 옥수수를 지나치듯, 혹시 우리도 '오늘보다 더 나은 오늘'이 올지도 모른다는 막연한 기대 때문에 현재의 시간들을 아깝게 흘려 버리고 있는 것은 아닐까요?

그러는 가운데 '정말 좋은 나의 오늘'은 매일 아무 의미

없이 과거 속으로 묻히고 있는지도 모릅니다. 다시는 되돌아갈 수 없는 최고의 오늘일 텐데 말이죠.

한 고교 교사는 거의 십 년 동안 백 번 가까이 맞선을 봤는데, 마지막 맞선 상대와 결혼했답니다. 신기하게도 두 사람은 첫 번째 맞선 상대였다는군요. 참 운이 좋은 커플이죠? 놓쳐 버렸던 서로의 '옥수수'를 오랜 세월이 지난 후 다시 가질 수 있었으니 말입니다.

두 사람이 다시 만나서 나눈 이야기도 같았답니다.

"그땐 당신이 좋은 사람인 줄 알지 못했네요."

우리는 종종 잊고 삽니다.

하루하루 지나갈수록 내가 선택할 수 있는 시간은 그만큼 줄어든다는 사실을 말이죠.

내 앞에 존재하는 오늘이 지금의 나에게는 최고의 시간인데도, 더 큰 욕심 때문에 얼른 골라 갖지 못하고 날마다 망설이기를 반복하고 있는지도 모릅니다.

그러다 보면 그 절호의 기회는 어느덧 지나가 버리고 맙니다. 떠나가 버린 오늘은 절대 돌아오지 않지요.

지금 내 앞에 있는 일, 음식, 여가, 이 모든 것들은 오늘이 나에게 준 소중한 선물입니다. 내가 고스란히 간직하고 기쁘게 향유하지 않으면 지나가 버리는, 미래의 아쉬운 과거입니다.

조금 부족하고 작아 보이는 '옥수수'일지라도,
'지금까지 본 것 중 가장 으뜸이구나.'
하는 마음으로 바라보면, 그것이 곧 으뜸이 아닐까요?

'오늘보다
더 좋은 오늘은
없다.'
이것이 바로 최고의 오늘을
살아갈 수 있는
가장 멋진 생각이 아닐까요?

잠자리를 잡아 주렴

한 텔레비전 광고에 나오는 장면입니다.

30대로 보이는 딸이 아버지에게 오랜만에 전화를 걸어 다정한 목소리로 물어 봅니다.

"아빠, 소원이 뭐에요?"

그러자, 잠시 후에 나지막하게 가라앉은 아버지의 목소리가 들려옵니다.

"소원? 그냥 너희들 고생 안 시키고 가는 거지, 뭐."

"아빠……."

마치 유언과도 같이 들려오는 늙은 아버지의 한마디에 딸의 가슴은 그만 먹먹해지며, 더 이상 말이 안 나오고 눈시울은 뜨거워집니다.

사람은 예외 없이 생전에 소유했던 모든 것들을 남겨 두고 어느 땐가는 빈손으로 이 세상을 떠나갑니다.

마지막 순간엔 재산이 많으면 많은 대로 적으면 적은 대로 유산을 물려주고, 남은 가족들이 행복하게 잘 살기를 바라는 유언도 남깁니다. 인생을 잘 살지 못했다고 생각하는 사람은 죽음에 앞서 못 다한 회한을 풀어 놓기도 하겠지요.

어떤 젊은 부자가 남긴 유언에 관한 이야기는 참된 행복이 무엇인지 생각하게 합니다.

사업에 성공하여 큰 재산을 모은 미국의 한 젊은 부자가 예기치 않은 불치병에 걸려 시한부 삶을 살고 있었습니다.

그에게는 아들 넷이 있었는데 모두 초등학생이었지요. 부자는 어린 자식들을 남겨 두고 죽어야 한다는 생각으로 병석에 누워 있는 내내 마음이 아팠습니다.

어느 가을날, 그는 죽음이 임박해 왔음을 예감하고는 네 아들을 불러 모았습니다. 아들들이 그의 방에 왔을 때 부자는 창밖을 내다보고 있었는데, 휴일이라 그런지 공원에는 잠자리를 잡으려고 뛰어다니는 아이들이 많았지요.

그는 아들들에게 다정한 말투로 부탁했습니다.

"애들아, 아빠를 위해 잠자리를 잡아다 주겠니? 잠자리를 본 게 언젠지 모르겠구나."

아이들은 모두 밖으로 뛰어나갔습니다. 잠시 후, 가장 먼저 첫째 아들이 잠자리 한 마리를 가지고 돌아왔습니다.

"어떻게 이렇게 빨리 잡아 왔니?"

"장난감 차와 잠자리를 맞바꾸었어요."

첫째의 대답에 부자는 고개를 끄덕였습니다. 곧이어 둘째 아들이 잠자리 두 마리를 들고 돌아왔습니다.

"두 마리씩이나 어떻게 이렇게 빨리 잡아 왔니?"

"장난감 차를 3달러에 빌려 주고, 잠자리 가진 애한테 2달러 주고 샀어요. 1달러 남았죠."

부자는 둘째에게 미소를 지어 주었습니다. 얼마 뒤 셋째 아들은 잠자리 열 마리를 들고 돌아왔습니다.

"아니, 넌 어떻게 이 많은 잠자리들을 잡았어?"

"장난감 차를 가져가서 잠자리 한 마리씩 받고 빌려 줬어요. 스무 마리도 문제없는데…"

부자는 웃으면서 셋째의 머리를 쓰다듬어 주었습니다.

끝으로 돌아온 넷째는 옷에 흙이 잔뜩 묻고 얼굴엔 땀방울이 가득했는데, 빈손이었습니다. 막내는 풀이 죽은 모습으로 아빠에게 말했지요.

"잠자릴 잡으러 막 뛰어다녔는데, 한 마리도 못 잡고 장난감 차를 가지고 놀다 왔어요."

부자는 활짝 웃으며 막내의 얼굴을 손으로 닦아 주고는 품에 꼭 안아 주었습니다.

며칠 후 부자는 죽었고, 그의 침대 머리맡에서는 짧은 글이 적힌 종이 한 장이 발견되었습니다.

'아들들아. 내가 원했던 것은 잠자리가 아니라, 너희들이 잠자리를 열심히 잡는 동안 느꼈을 행복감이었단다.'

젊은 부자가 아이들에게 남기고 싶었던 유산은 무엇이었

을까요? 죽음을 앞둔 부자는 자신의 생애에서 가장 행복한 때가 언제였던가를 생각하며, 자신이 하고 싶은 일에 몰두하면서 열심히 뛰어다녔던 시절을 떠올렸겠지요.

아마 그는 자신이 모아 놓은 큰 재산이 곧 행복한 삶은 아니라는 것을 깨달았을 것입니다. 남보다 일찍 큰 성공은 거두었으나, 결국엔 병든 몸으로 남았으니까요.

그래서 부자는 돈 버는 법이 아니라 행복하게 사는 법을 아이들에게 가르쳐 주고 싶었을 것입니다. 그의 아들들이 잠자리를 잡거나 장난감을 갖고 노는 소소한 일상생활에서도 행복을 느끼며 풍요롭게 살 수 있기를 바랐겠죠.

그러니 부자는 아들들에게 그가 물려줄 수 있는 최고로 값진 것을 물려준 셈입니다.

행복은 결과에 있지 않고 과정에 있음을, 유형의 재산이 아니라 성취하기 위해 땀 흘리며 무엇인가에 몰두하는 그 순간이 바로 행복임을 새삼 깨닫게 됩니다.

오늘부터는
일과가 끝난 후

"무엇을 했지?"
가 아니라
"얼마나 열심히 했지?"

라고
스스로에게 물어보면
어떨까요?

욜로! 홀로!

'카르페 디엠carpe diem'은 '현재를 잡아라.'로 번역됩니다.

'지금 이 순간에 충실하라.'는 뜻의 라틴어죠.

영화 「죽은 시인의 사회」에서 키팅 선생이 학생들에게 자주 외치면서 유명해진 이 말은, 고답적 전통과 규율에 저항하는 청소년들의 자유정신을 상징합니다.

명문대 합격, 대기업 취직 등 기성 체제가 보장해 주는 안정된 미래를 위해 학창 시절의 낭만과 행복을 포기하도록 강요당하는 학생들에게, 지금 살고 있는 현재가 그 무엇보다 확실하며 중요한 순간임을 일깨워 준 말이었죠.

즉, 카르페 디엠은 현재의 가치를 인식하게 해 주는 철학적 메시지입니다.

카르페 디엠과 상통하는 말로, 최근에 많이 쓰이고 있는 것이 '욜로YOLO: You only live once'입니다. 이 말은 '한 번뿐인 인생, 철저히 즐기며 살자.'는 의미를 갖는데, '현실을 직시하라.'는 문화적 메시지를 담고 있습니다.

아직 오지 않은 불확실한 미래를 기다리기보다는 현재의 행복을 중요하게 여기며 마음껏 소비하고 즐기려는 '욜로족', 누구의 간섭도 받지 않고 홀로 여행을 즐기려는 '혼여족' 등이 이런 문화의 대표적인 현상들이죠.

'욜로'는 혼자 여행하던 한 외국인 여성의 말이 어떤 예능 프로그램에 방송되면서 유행하게 되었다고 합니다.

그런데 이 말의 뜻을 잘못 받아들이면, 자칫 현재의 가치를 그릇되게 인식하고 행동할 위험성이 있습니다.

즉, 미래는 나의 삶에 아무 의미가 없고, 존재하는 것은 현재뿐이므로 어떤 준비도 할 필요가 없다는 식의 종말론적

퇴폐주의에까지 빠질 수 있는 것이죠.

오히려 '욜로'란 말 속에는, 매 순간 다가오는 소중한 현재를 맞이할 '준비'가 되어 있어야만 제대로 즐길 수 있다는 뜻이 들어 있지 않을까요?

타샤 튜더Tasha Tudor는 미국의 동화 작가 겸 삽화가입니다. 만년에 그녀는 버몬트 주의 농가에서 홀로 정원을 가꾸고 자급자족하면서 인생의 황혼을 즐겼는데, 이쯤 되면 '욜로족'의 원조가 아닐까 싶네요.

동화책에 들어가는 삽화를 그려서 모은 돈으로, 56세가 되던 해에 그녀는 버려진 농장 부지를 사들였습니다. 주위로부터 '그 나이에 무얼 하려고?'라는 투의 핀잔도 들었지만, 타샤 튜더에게 나이는 전혀 문제가 되지 않았죠.

'자신만의 오늘'이란 꿈의 실현을 준비하기 시작한 그녀는, 그로부터 10년이 넘는 세월 동안 혼자 땀 흘리며 정원을 가꾸어 나갔습니다. 그녀는 자신의 현재를 행복하게 즐기는 동시에, 다가올 '미래의 오늘'도 준비한 것이죠.

드디어 완성된 정원을 사람들에게 공개했을 때 그녀의 나이는 70세였습니다. '타샤의 정원', '비밀의 정원'으로 불리는 아름다운 그곳을, 그녀는 많은 사람들과 함께 나누며 즐겁고 행복한 나날을 보냈죠.

92세의 나이로 세상을 떠날 때까지 그림을 그리고 정원을 가꾸면서 진정한 '욜로'의 생활을 누린 타샤 튜더는, 자신의 황혼기 삶에 대해 이런 말을 남겼답니다.

"스스로 삶을 즐기고, 독립적으로 살아가야 해요."

타샤 튜더의 이 말은 비단 노년기의 삶에만 국한되는 것은 아닙니다. 청년 시대 역시 마찬가지죠.

누구든지 언제 어디서나 자신의 삶을 독립적으로 즐기며 살아갈 수 있는 엄연한 권리와 자유가 있으니까요.

만약 그러한 자신의 가치와 존엄성을 잊어버린다면, 현재라는 소중한 시·공간에 스스로 서지 못하고 자아 정체성을 상실하는 정신 장애를 가지게 될 수도 있습니다.

신은 모든 인간에게 단 한 번의 생애라는 평등한 시간을 선물로 주었습니다. 우리는 그 소중한 시간을 향유하며, 반드시 행복한 삶의 권리와 자유를 누릴 수 있어야 합니다.

그러기 위해서 꼼꼼한 준비가 필요한 건 당연하겠죠?

나이, 학력, 자격 등 외적 조건에 상관없이, 주체적으로 나의 인생을 마음껏 즐기며 아름답게 가꾸어 나가기 위한 독립의 준비입니다.

시간은 나의 선택이나 결정과는 아무 관계없이 저절로 오고가지만, 가치 있고 행복하며 주체적인 삶은 기다린다고 해서 내 품에 저절로 들어오지 않습니다. 스스로 준비하는 사람에게만 자신만의 빛나는 오늘은 찾아와 주는 것이죠.

내 인생의 가장 소중한 오늘 하루를 기쁘고 행복하게 지내면서, 틈틈이 라임에 맞추어 즐겁게 흥얼거려 보면 어떨까요?

"욜로! 홀로! 준비가 필요해!"

오늘이라는
반짝이는 열매를
만나기 위해
우리는
준비라는
작은 씨앗을
심고 가꾸어야 합니다.

굴참나무를 보는 두 눈

'나는 쓸모없는 인간이다.'

자신의 처지를 비관하게 되면, 흔히 이런 생각에 빠져 들기가 쉽지요. 무엇에 쓸모없다는 것일까요?

사회생활에서 실패를 반복하다 보면 하게 되는 이 생각은, 자신이 무능력하다는 자괴감에서 비롯됩니다.

또는 학교나 직장에 다니다가 하게 되는 이 생각은, 자신이 속한 조직 내에서 인정받지 못하거나 남들만큼 좋은 성과를 내지 못할 때 주로 나타납니다.

학교에서 성적 순위가 정해질 때, 직장에서 영업 실적 순위가 매겨질 때, 숫자로 드러나는 자신의 '쓸모' 점수의 높낮이에 따라 사람들은 기쁨과 슬픔의 롤러코스터를 타곤 하지요.

그런데 그 쓸모의 순위를 결정하는 기준은, 성적 향상이나 영업 성과 등 대부분이 겉으로 드러난 실적을 중시하는 조직 사회의 요구에 따라 만들어집니다.

눈에 안 보이는 창의성, 잠재력, 도덕성, 인간미 등은 객관적 평가가 어렵다는 이유로 기준에 잘 들지 못하죠. 하긴 그것들조차도 숫자화시키는 각종 검사들이 있지만요.

그러다 보니, 젊은이들은 이처럼 사회가 요구하는 쓸모 있는 인재가 되려고, 학력, 자격, 경력, 외모 등의 외적 조건 충족을 위해 청춘의 모든 에너지를 쏟아 붓고 있는 형편이죠.

그러다가 뜻대로 안되고 여러 번 실패를 겪다 보면, 자신은 사회에 쓸모없는 낙오자라고 스스로 낙인을 찍습니다.

사회 체제나 조직이 만들어 놓은 외적 기준에만 의존하

다 보니 모르는 사이에 주체성과 정체성을 상실하게 되고, 자신의 행동을 타인의 시선이나 객관적 관점에서만 판단하려는 성향으로 길들여지는 것이죠.

하지만 다양한 재능과 잠재력을 가진 사람의 쓸모를 판단하는 그런 외적 기준들은 다분히 일회적이고, 일방적이며, 편협하지 않은가요?

장자莊子는 중국의 전국 시대를 풍미한 사상가입니다.
그와 한 목수에 얽힌 이야기는 쓸모와 기준에 대한 의미 있는 메시지를 전해 줍니다.

어느 날, 장자는 좋은 나무를 구하기 위해 이름난 목수 한 명을 데리고 숲속으로 들어갔습니다.
그 목수는 모든 나무의 특성을 잘 알고 있어서, 어떤 나무든지 보기만 하면 어디에다 쓰면 딱 좋은지를 단박에 판단할 수 있는 높은 안목을 소유하고 있었죠.

장자와 함께 숲에서 여러 종류의 나무를 둘러보던 목수
는, 한 그루의 아름드리 굴참나무 옆을 지나가다가 시큰둥하
게 말했습니다.

"이 나무는 크기만 컸지, 쓸모없는 놈입니다."

장자가 그 까닭을 물었습니다.

"배를 만들면 가라앉아 버리고, 연장을 만들면 쉽게 부
러지고, 집의 기둥으로 쓰면 벌레가 먹어 버리니, 어디 나무
축에 들 수 있겠습니까?"

대답을 들은 장자는 한참 동안 그 굴참나무를 손으로 만
져도 보고 쳐다보기도 하다가 목수에게 되물었습니다.

"이 굴참나무는 커서 그늘이 좋으니 소를 매어 놓고 농부
와 소가 함께 쉴 수도 있고, 겨울엔 좋은 땔감으로도 손색이
없는데, 어찌하여 쓸모없다고 하는가?"

장자의 일침에 목수는 그저 묵묵부답할 수밖에 없었죠.

이 목수는 자신이 정해 놓은 '목재'라는 한 가지 기준으
로만 나무를 판단하고 있습니다. 그 기준에 들지 못하는 나

무는 아무 데도 쓸모없는 존재일 뿐이죠.

그러나 장자는 다른 안목으로 나무를 바라보고 있습니다. 물질적 재료의 차원이 아닌, '휴식과 삶'이라는 정신적 차원에서 나무의 쓰임새를 찾아내고 있죠.

굴참나무의 처지에서 보면, 장자의 이 한마디는 얼마나 고마웠을까요? 목수는 전혀 거들떠보지도 않던 자신의 쓸모를 훌륭한 현자가 알아주었으니까요.

이제부터 굴참나무는 굵은 줄기와 가지들을 더 열심히 키워서, 큰 그늘로 사람들의 휴식처를 만들어 주는 변화된 삶, 곧 보람 있고 행복한 삶을 살아가지 않을까요?

사람들이 자신의 처지를 비관적으로 생각하는 까닭은, '나'라는 존재의 가치를 인정받지 못하기 때문일 경우가 많습니다.

하지만 세상에는 목수의 안목만 있는 것이 아닙니다. 장자의 안목도 얼마든지 있으니까요.

그러므로 조직 내에서, 혹은 타인에게서 한두 번 자신의 능력을 인정받지 못하였다고 해서 일찌감치 실망하거나 자포자기하는 건 자신에게 너무 미안한 일이죠.

하루하루 즐거운 마음으로 자신이 목표로 하는 배움과 성장을 지속해 나가다 보면, 언젠가 세상은 나의 쓸모를 알아주고, 스스로도 자신의 가치를 인정하며 행복감을 느낄 때가 반드시 찾아올 것입니다.

나 또한 다른 사람의 쓸모와 가치를 알아볼 수 있는 폭넓은 안목을 갖추는 게 좋지 않을까요?

단지 하나의 기준이나 주관적 잣대로만 사람을 판단해서는 곤란합니다. 사람이란, 신체의 일부, 혹은 말이나 생각 어느 한 부분으로만 존재하는 것이 아니기 때문이죠.

내 눈의 방향을 돌리면, 그 사람의 앞만 보이는 것이 아니라, 옆과 뒤와 그가 걸어온 발자취까지 보이게 됩니다.

오늘
만나는 누군가에게
그가 가진 쓸모를 알아주고
가치를 인정해 준다면,
그도 또한
내가 가진 쓸모를 알아보고
나의 가치를
인정해 주지 않을까요?

수탉, 3년 만에 탄생하다

지난 1세기에 걸쳐 세상은 그 이전에 비해 엄청나게 빠른 속도로 변화, 발전해 왔습니다.

21세기에 들어와 이루어지고 있는 스마트폰의 진화나 AI의 발전 속도를 보면, 이 순간에도 얼마나 빨리 세상이 변화하고 있는지 짐작할 수 있습니다.

특히 우리나라의 변화와 발전 속도는 다른 나라에 비할 바가 아니죠. 불과 반세기 만에 전쟁의 폐허를 딛고 궁핍의 굴레에서 벗어나 세계 10위 권의 경제 강국 대열에 들어섰으니, 세계가 경탄의 눈으로 바라볼 만도 합니다.

그러나 지나치게 빨리 경제가 성장하다 보니, 부작용들도 만만치 않습니다. 그 중에서도 우리 사회 곳곳에서 벌어지고 있는 속도 경쟁은 무서울 정도입니다.

상품 생산과 유통, 통신, 교육은 물론 개인들의 일상 구석구석까지 모두가 '더 빨리'에 매달립니다. 경쟁 상대에 비해 속도가 뒤처지면, 조직은 도태되고 개인은 사회생활에서 실패할 것만 같은 초조함에 사로잡혀 다들 전전긍긍합니다. 빛의 속도쯤 되면 만족할지 모르지만요.

'빨리빨리' 문화가 만들어 놓은 '속도'라는 우상이 우리의 생각과 행동을 지배하고 있다고 해도 틀린 말이 아니죠.

그러나 과연 속도는 우리의 삶에서 최상의 가치일까요?

혹시 우리는 '집단 속도 집착증'이라는 중병을 앓고 있는 것은 아닐까요?

이런 우리 사회에 소중한 성찰의 메시지를 전해 주는 한 일본 화가의 이야기입니다.

가츠시카 호쿠사이는 일본의 에도 시대에 활약한 대표적 목판 화가입니다.

일생 동안 3만 점이 넘는 작품을 남겼는데, 그 중에서 「후가쿠 36경」은 최고의 걸작으로 알려져 있습니다. 그의 작품은 유럽의 모네, 반 고흐 등 인상파와 후기 인상파 화가들에게 큰 영향을 끼쳤다고 하죠.

어느 날 호쿠사이에게 절친한 친구가 찾아와서는 수탉을 그려 달라고 부탁했습니다. 그는 뛰어난 화가인 호쿠사이가 그 자리에서 즉시 그려 줄 거라고 생각했겠지요.

그런데 수탉을 그려 본 적이 없다며 잠시 망설이던 호쿠사이는 친구에게 일주일 후에 오라며 돌려보냈습니다.

일주일 후에 친구가 찾아오자, 그는 다음에 오라고 또 약속을 미뤘죠. 그렇게 되풀이하기를 한 달, 두 달, 6개월….

세월은 어느덧 3년이나 흘렀습니다.

그 친구의 인내심도 한계에 이를 수밖에요. 그는 호쿠사이를 찾아가 그동안 참아 왔던 화를 마구 쏟아냈죠.

그런 친구에게 아무 대꾸도 하지 않다가, 잠시 후 호쿠사이는 종이와 물감을 가지고 오더니 그 자리에서 바로 한 마리의 수탉을 그려 친구의 품에 안겨 주었습니다.

완성된 그림은 생동감이 넘쳐, 마치 살아 있는 수탉이 날개를 퍼덕거리며 금방이라도 튀어나올 것 같았지요.

그러나 호쿠사이의 친구는 고맙기보다는 어이없다는 생각이 들었습니다. 이렇게 빨리 그려 줄 거면서 왜 3년이나 기다리게 했느냐며 그는 볼멘소리로 따졌죠.

호쿠사이는 옅은 미소를 지으며 열 오른 친구를 자신의 화실로 데려갔는데, 화실 문을 열고 안을 들여다본 친구는 놀라움과 미안함에 그만 말문이 막히고 말았습니다.

화실 안 여기저기에는 셀 수 없을 정도로 많은 수탉 그림들이 잔뜩 쌓여 있었거든요.

사람들은 보통 수탉 그림 정도야 뛰어난 화가가 순식간에 뚝딱 그려내도 값비싼 미술품이 되는 것, 즉 예술적 가치보다는 화가의 유명세에 따라 매겨지는 그림 값에 더 관심을 두기 십상입니다.

하지만 진정한 화가인 호쿠사이에게 수탉 그림은 붓으로 이런 저런 색을 입혀 놓은 단순한 실물의 모방이 아니었습니다. 그것은 자신의 열정을 통해 새롭게 탄생하는 생명체와 같은 존재가 아니었을까요?

그러니 그에게 3년이란, 수탉 한 마리를 탄생시키기 위한 고된 연습과 기다림의 과정이었을 것입니다.

이처럼 하나의 새로운 작품을 탄생시키기 위해서는 빠른 시간 내에 결과를 만들어 낼 수 있는 천재적 재능보다도, 최상의 완성품이 나올 때까지의 긴 연습과 단련의 과정, 그리고 인내와 기다림이 더 중요합니다.

어머니의 자궁 속에서 어둠을 견디며 오랜 시간을 기다려야 태아는 건강하게 탄생하고, 훌륭한 요리는 일정한 온도 속에서 기다리며 적당히 익혀야만 일품으로 완성됩니다.

그렇지 않으면 조산으로 인해 생명이 위험한 경우가 생기며, 설익은 음식이라는 실패작이 만들어지지요.

이 세상의 모든 창조물은, 연습과 단련의 과정을 거쳐야 하는 오랜 기다림의 산물이 아닌 것이 없습니다.

아무리 변화가 빠른 세상에 산다고 해도, 우리는 속도의 노예가 될 수는 없습니다. 그건 내 삶을 내가 제어하는 자유를 스스로 포기하는 어리석음일 뿐이죠.

'느림'은 '빠름'보다 뒤처진 것이 아니라, 가치를 만들어 내는 소중한 과정입니다. '느림'은, 연습과 단련으로 새로운 창조물을 탄생시키기 위한 희망의 기다림입니다.

'빨리 빨리'라는 허상에 매몰되어, 행복해야 할 나의 소중한 삶을 설익은 것으로 망쳐 버릴 수야 없지 않을까요?

오늘은
질주하는 자신의 삶에
브레이크 페달을 밟고
잠시 멈추어 서서
이렇게 질문해 보면 어떨까요?

'나는 단련의 과정 속에서
천천히
기다릴 줄 아는가?'

잃어버린 구두, 멀쩡한 다리

　전혀 예상하지 못했던 일이 일어났을 때 당황하지 않을 사람은 거의 없습니다.

　더구나 그런 돌발적 상황이 자신의 잘못으로 인한 것도 아닌데다가 낯선 곳에서 발생한다면, 심란해지는 것은 말할 것도 없고 화까지 치밀 것은 불 보듯 뻔하지요.

　이럴 때, 힘들어도 침착을 유지하며 슬기롭게 잘 헤쳐 나가면 더할 나위 없이 좋겠지만, 때론 그렇지 못하여 더 큰 어려움에 처하는 경우도 있습니다.

그 갑작스러운 일을 자신에게 닥친 최악의 불행으로 여기고 심한 스트레스를 받는 등 심리적으로 매우 불안한 상태에 빠져들기도 하니까요.

어떻게 하면 그런 어려운 상황에 지혜롭게 대처하여 심리적 불안과 분노를 이겨낼 수 있을까요?

독일의 어느 지방에 그리 풍족하지 못한 생활을 하면서도 미래의 꿈을 키우던 한 젊은 회사원이 있었습니다.

그가 낯선 지방으로 출장을 가게 되었는데, 오랜만의 출장이라 큰맘 먹고 산 새 구두를 기분 좋게 신었습니다. 그는 가진 돈이 많지 않았으므로, 전에 하던 대로 허름하고 값싼 호텔에 투숙하였지요.

주말 늦은 밤까지 여러 가지 회사 일을 처리하느라 몹시 피곤하였기 때문에 그는 깊은 잠에 빠졌다가 일요일 아침에 늦게 일어났습니다.

그런데 일어나 보니 황당한 일이 생겼습니다. 문 앞에 벗어 놓았던 그의 새 구두가 없어진 것이었죠.

화가 난 젊은 투숙객은 냅다 큰소리를 질러댔습니다.

"어떤 놈이 내 구두 훔쳐 간 거야? 주인! 주인!"

몸집 큰 중년의 호텔 주인이 허둥지둥 달려왔습니다. 그러면서 이 동네엔 부랑자들이 있어서 가끔 이런 일이 일어난다고 말하며 어쩔 줄 몰라 했지요.

그러나 주인이 거듭해서 미안하다고 해도 젊은이는 계속 욕설을 퍼부으며, 당장 구두를 찾아내라고 불같은 화를 멈추지 않았습니다.

주인은 성질이 오를 대로 오른 젊은 고객에게 계속 사과하며, 낡은 운동화 한 켤레를 가져다 주었습니다.

"참으로 죄송합니다. 우선 이거라도 신으세요. 열심히 찾아보겠습니다."

그리고 주인은 교회에 가서 당신을 위해 위로의 기도를 올려 주겠다며 밖으로 나갔습니다.

여전히 화가 풀리지 않은 채, 젊은 회사원은 헌 운동화

뒤축을 구겨 신고 호텔 밖으로 나가, 구두 가게가 어디 있나 하고 이곳저곳 살펴보았습니다.

그리고 다니는데 아담한 교회의 모습이 그의 눈에 띄었지요. 아까 호텔 주인이 한 말이 생각난 그는, 자신도 화가 난 마음을 가라앉혀 볼 작정으로 교회 안으로 들어가 뒷자리에 앉았습니다.

그의 옆에는 간절한 모습으로 기도하는 한 중년 사내가 있었는데, 무심코 그 사내의 모습을 훑어보다가 그는 소스라치게 놀랐습니다. 사내는 두 다리가 없었습니다.

놀라움이 점점 연민으로 바뀌어 가면서, 젊은이는 자신의 분노가 눈 녹듯 사라지는 것을 느꼈지요. 곧이어 그의 마음속에서는 이런 소리가 들려왔습니다.

'이 사람은 두 다리가 없으니 구두가 있어도 신을 수 없어. 근데 내 두 다리는 멀쩡하잖아? 구두는 다시 살 수 있지만, 이 남자는 어디서 두 다리를 구하지?'

문득 그는 처음 본 사내에게 괜스레 미안한 마음마저 들었지요. 또한 구두 때문에 호텔 주인에게 심한 욕설을 퍼붓고 화냈던 자신의 행동이 너무나 부끄러워졌습니다.

그는 재빨리 호텔로 돌아와 주인에게 메모를 남기고는 서둘러 그곳을 떠났습니다.

'당신에게 화를 낸 것에 대해 사과합니다. 당신 잘못이 아니라, 관리를 잘못한 제 탓인데 말입니다. 도둑이 제 다리를 가져가지 않은 것이 오히려 감사할 따름입니다.'

젊은 회사원의 인생관이 바뀌는 순간이었지요.

위기와 기회는 동전의 양면과 같다고 합니다. 또한 불행과 행복은 한몸이라고도 하지요. 위기를 뒤집어 오히려 기회로 삼아 희망을 발판을 마련할 수도 있고, 불행한 순간에도 곁에 있는 행복을 바라보며 위안을 삼을 수도 있는 것이니까요.

그러므로 자신에게 닥친 불가피한 상황을 대처하는 첫 마음가짐이 매우 중요합니다.

예상하지 못했던 위기는 언제든지 만날 수 있고, 남다른 불행이 나에게도 일어날 수 있다는 침착함이 우선 필요하지 않을까요?

이미 벌어진 일은 되돌릴 수 없으니 다음을 생각하자는 느긋함은 위기를 오히려 기회로 반전시킬 수 있습니다.

이야기 속 젊은 회사원의 깨달음처럼 '잃어버린 구두보다는 멀쩡한 두 다리'에 감사하는 마음만 가지고 있다면, 자신에게 닥친 그 어떤 어려움도 물리칠 수 있지 않을까요?

긍정의 힘으로 말입니다.

잃어버린 것에 대한 분노와 절망감을 떨쳐내고, 자신이 소유하고 있는 것에 오히려 감사하는 마음처럼 빛나는 긍정은 없습니다. 긍정이야말로 위기와 불행의 상황을 스스로 벗어나게 하고, 우리를 희망과 행복의 길로 이끌어 주는 가장 강한 내면의 에너지입니다.

오늘은
크든지, 작든지
값이 비싸든지, 싸든지
자신이 가지고 있는
모든 것들에게
감사하다는 말을
전해 보면 어떨까요?

일곱째 날

칼럼니스트의 친구

"그 인간만 보면 화가 나."

"그 낯짝 제발 안 봤으면 좋겠어."

우리 주위에서 종종 들을 수 있는 말들이죠?

사회생활을 하면서 나에게 좋게 대해 주는 사람만 만날 수는 없겠지만, 자주 만나는 사람이 이유 없이 나를 화나게 하고 얼굴만 봐도 불편해지는 관계라면 보통 심각한 문제가 아닙니다.

왜 이런 심리적 반응이 나타날까요?

그 사람으로 인하여 자신의 내면에서 일어나는 좋지 못

한 감정이나 기억들이 자신의 다른 행동에까지 부정적인 영향을 끼치기 때문입니다.

그러나 일상생활을 유지하려면 내가 싫어하는 사람도 만나야 하고, 또는 내 성격이나 취미와 전혀 다른 스타일의 사람에게도 분위기를 맞춰 줄 수밖에 없죠.

이처럼 싫건 좋건 우리는 다양한 사람들을 만나야 하는데, 문제는 만나는 사람 자체가 아니라 상대를 대하는 자신의 마음 자세가 어떠한가에 달려 있다는 점입니다.

한 칼럼니스트의 친구가 사람을 만나는 방법은 어떠했을까요?

「시카고 선 타임즈Chicago Sun-Times」의 신문기자로서 칼럼니스트였던 시드니 해리스Sidney J. Harris는 자신의 한 칼럼에서, 친구와 함께했던 경험을 소개한 적이 있습니다.

시드니 해리스는 어느 날 자신의 친구와 같이 거리를 걸어가다가, 그가 신문 가판대에서 신문 사는 모습을 보게 됩니다. 친구는 가판대에 무뚝뚝하게 앉아 있는 주인에게 먼저 호의를 담은 공손한 인사를 건넨 다음, 신문 한 부를 달라고 하였죠.

하지만 그 주인은 공손히 인사하는 고객에게 매우 불손한 태도로 퉁명스럽게 응대했습니다.

그런데도 그 친구는 주인이 집어던지듯 불쾌하게 건네주는 신문을 받아 들고서도 미소를 지을 뿐만 아니라, 친절한 인사까지 보내는 것이었죠.

"좋은 하루 보내시기 바랍니다."

그러자 미소 짓는 고객을 째려보며 주인은 버럭 소리를 질렀습니다.

"어떤 하루가 되든 당신이 뭔 상관이야?"

그 불편한 자리를 떠나자, 해리스는 도저히 이해 못하겠다는 표정으로 친구에게 물었죠.

"저 사람은 항상 저렇게 손님들에게 불손한가?"

"응. 불행하게도 그렇다네."

"그런데도 자네는 못돼 먹은 그자의 신문을 늘 팔아 주고 공손히 대해 준단 말이야?"

두 번째 물음에도 친구가 그렇다고 대답하자, 해리스는 짜증 섞인 목소리로 다그쳤습니다.

"아니, 저런 불손한 사람에게 왜 그렇게 친절하게 대해 주나? 게다가 신문까지 사 주면서."

친구가 조용히 해리스에게 대답했죠.

"그건 그 사람 때문에 내 행동이 좌우되기를 내가 원치 않기 때문이지."

이 뜻밖의 반응을 접한 해리스는 그 친구로부터 큰 감명을 받았으며, 인간관계에 대한 훌륭한 교훈까지 얻었다고 칼럼에서 밝혔습니다.

'부처님 가운데 토막 같다.'

이 속담은 타인이 자신에게 아무리 좋지 못한 언행을 해도 아무렇지도 않게 행동하는 사람을 가리키는 말입니다.

그런데 이런 사람은 보기도 어렵거니와, 내 자신이 그렇게 행동하기란 진짜 부처님이 아닌 이상 너무 힘든 일입니다. 인간은 감정의 동물이라서, 남의 좋지 못한 언행에 어떤 식으로든 영향을 받지 않을 수 없으니까요.

그러나 한 발짝 물러서서, 불손한 행동을 한 그 사람이 정말로 나 때문에 그런 것일까 하는 의문을 가져 보아야 하지 않을까요?

왜냐하면 그 사람은 이미 딴 일로 화나 있었거나, 아니면 마음은 전혀 안 그런데 습관화된 말버릇이나 행동 때문에 단지 그렇게 보이는 것일지도 모르기 때문입니다. 즉, 나의 오해일 수도 있다는 것이죠.

나와 별로 상관없는 타인의 행동으로 인하여 내 마음이나 행동이 좌우된다면, 스스로 자신에게 상처를 입히지는 않을까요? 길 가다가 왜 쳐다보느냐며 처음 보는 사람에게 시비 걸고 화내는 어이없는 경우처럼 말이죠.

내 행동의 결정권은 나에게 있습니다. 그러므로 타인이 내 행동을 흔들고 내 감정을 혼란스럽게 하지 않도록 항상 자신을 제어하여 지키지 않으면 안됩니다.

오히려 나의 호의와 친절로 인하여 상대의 마음과 행동을 움직이게 할 수 있다면, 그것이야말로 성공적인 인간관계를 만드는 가장 좋은 기술이 아닐까요?

오늘은
누구를 만나서
어떤 대화를 하든지
상대의 말과 행동에
흔들리지 않고
호의를 건넬 수 있는
멋진 사람이 되어 볼까요?

원장님은 접시 닦이

언제부터인가 '갑질'이 우리 사회의 부정적인 단면을 가리키는 용어의 하나로 널리 쓰이기 시작하더니, 몇 년 전에는 미국의 유력 신문인 「뉴욕 타임즈The New York Times」의 기사에까지 'gapjil'이란 영어 단어로 등장하였습니다.

이 신문은 'gapjil'이 '봉건귀족처럼 행동하는 임직원들이 부하 직원을 괴롭히는 것'이라는 개념 정의까지 내림으로써 세계에 우리의 치부를 알렸지요. 참으로 민망한, 현재 우리 사회의 숨길 수 없는 한 단면입니다.

갑질, 즉 '권리관계의 우위에 있는 갑이 상대적 약자인

을에게 가하는 부당한 권력 행사'는 왜 생겨날까요?

단지 계약서상에서 계약의 당사자들을 순서대로 지칭하는 용어인 갑과 을은, 종속 관계가 아니라 대등 관계인데도 말이죠.

17세기 프랑스의 수도사 로렌스Brother Lawrence는 본명이 니콜라 에르망인데, 파리의 '맨발의 까르멜 수도회'에 수사로 들어가 80세까지 살았던 인물입니다.

일생을 평수사로서 부엌일과 샌들 수선하는 일을 하던 그는, 어느 날 한 수도원의 원장으로 임명됩니다.

그런데 그곳은 수도사들이 말썽을 많이 일으키고 다툼이 끊이지 않아 다들 원장으로 근무하기를 기피하던, 문제가 많은 수도원이었죠.

그래도 로렌스 수도사는 기꺼이 그 명을 받아들여 말썽 많은 수도원으로 발길을 옮겼습니다.

임지에 도착한 로렌스가 출입문을 두드리자, 젊은 수도

사들이 벌떼같이 우르르 몰려나왔죠.

그런데 그들은 백발이 성성한 늙은 수도사가 문 앞에 서 있는 것을 보고는 모두 떨떠름한 표정을 지었습니다. 그들 중 한 수도사가 소리쳤습니다.

"이런, 늙은이가 오다니. 당신이 할 일은 식당에서 접시를 닦는 것이오. 어서 가시오!"

처음 들어오는 수도사에겐 무조건 허드렛일을 시키는 것이 규칙인 양, 그들은 아무 망설임도 없이 로렌스에게 명령을 내렸습니다. 마치 고용인을 부리듯 갑질을 행사했지요. 초라하고 늙은 수도사가 원장일 것이라고는 아예 짐작조차 못했던 것이죠.

로렌스는 이 수도원의 문제가 바로 여기에 있음을 알아차렸지요. 하지만 전혀 내색하지 않은 채, 그는 두 손을 모아 그들에게 허리 굽히며 공손히 인사했습니다.

"예, 잘 알았습니다. 저는 로렌스입니다."

그리고 그는 묵묵히 식당으로 걸어 들어갔습니다.

로렌스는 그날부터 부엌에서 접시 닦는 일 외에도 온갖 궂은 일을 도맡아 했습니다. 젊은 수도사들이 그를 멸시했으나, 로렌스는 그들에게 화 한 번 내지 않고 늘 진심으로 공손하게 대해 주었죠.

석 달 후 수도회의 감독관이 순시차 그곳을 방문했는데, 그는 원장의 모습이 보이지 않자 수도사들에게 원장이 어디 있느냐고 물었습니다.

그들은 모두 어리둥절한 표정으로 대답했습니다.

"원장님은 아직 부임하지 않았습니다."

그러자 감독관이 깜짝 놀라며 소리쳤습니다.

"아니, 그게 무슨 소린가? 내가 로렌스 수도사를 3개월 전에 원장으로 임명해서 보냈는데!"

감독관의 호통을 듣고 아연실색해진 젊은 수도사들은 모두 우르르 식당으로 달려 들어갔습니다.

그리고는 접시를 닦고 있던 로렌스 원장 앞에 무릎 꿇고 머리를 숙였습니다.

늙은 수도원장의 겸손한 리더십은 젊은 수도사들에게 깊은 감동을 일으켰고, 그들의 생각과 행동을 변화시켰으며, 그 후 그곳은 가장 모범적인 수도원으로 명성을 날렸다고 합니다.

로렌스 원장이 말썽 많은 수도원을 변화시키고 혁신하기 위해서 실천했던 일은 대단하고 거창한 것이 아니었죠.

'접시 닦이'라는, 조직의 가장 낮은 자리에서 성실하게 일하며 공동체의 구성원들에게는 한결같이 진심으로 겸손하게 대하는 것이었습니다.

만약 로렌스가 발령장을 받아 들고 가자마자, 수도원의 문제점을 지적하고 수도사들의 잘못을 질책하며, 원장으로서의 권위를 앞세워 젊은 수도사들을 갑질로 몰아세웠다면 어떻게 되었을까요?

그들에게 감동을 주기는커녕, 집단의 거센 반발에 부딪쳐 수도원의 변화와 혁신은 이루어 내기 힘들었을 것입니다.

권력 자체가 잘못된 것은 아닙니다. 작든 크든 누구나 권력을 가질 기회가 있으며, 어떤 사회나 일정한 권력 구조가 있어야 그 체제가 유지될 수 있는 것이니까요.

문제는 그 위력을 행사하는 갑이, 자신의 우월한 사회·경제적 지위를 이용하여 을 위에 군림하고 지배해도 된다는 권위주의 사고방식을 버리지 못하는 데에 있습니다.

갑질. 권위주의. 이런 말들은 소통과 공감. 혁신의 시대에는 어울리지 않습니다. 없어져야 할 구습들이죠. 그런 의식에 바탕을 둔 행동들이 만연하다 보면. 사회는 획일화되기 십상입니다. 획일성을 효율성과 혼동하는 것은 과거 전체주의의 유물에 불과합니다.

겸손에 바탕을 둔 소통과 공감이야말로, 이 시대를 지혜롭고 행복하게 살아갈 수 있는 보편적이며 소중한 가치입니다.

지위의 높낮이에
관계없이
인간은 모두
소중한 존재라는 생각으로
다가설 수 있는
사람이
진정한 '갑'이 아닐까요?

눈높이와 마음 높이

선거철이 시작되면 사람들이 가장 많이 보게 되는 장면
엔 어떤 것들이 있을까요?

아마도 출마한 후보자들이 너나없이 자신에 대한 지지를
호소하며 유권자들에게 허리를 90도로 굽히거나, 어린아이
를 안고 온화한 표정으로 웃는 모습들일 것입니다.

다들 국민과 약자의 눈높이에 맞추어 열심히 일하겠다
는, 즉 겸손과 소통의 이미지를 통해 유권자들의 표를 얻으
려는 목적으로 연출하는 행동들이죠.

그런데 당선되고 난 후에는, 적지 않은 공직자나 정치인
들이 후보 때의 약속이나 이미지와는 딴판으로 국민 위에

군림하려 듭니다. 또는 서민과 약자들을 위한 공감과 소통의 정치를 외면함으로써 유권자들에게 큰 실망과 배신감을 안겨 주기도 합니다.

이런 이유 때문에 우리 정치의 후진성을 비판하는 목소리들이 21세기에도 여전히 존재하고 있는 것이죠.

버락 오바마 Barack Obma 는 불우한 어린 시절과 방황의 청소년기를 이겨 내고, 하버드대학 로스쿨을 거쳐 정치에 입문한 후 대권을 향한 큰 꿈을 품기 시작했습니다.

2008년 대선에서 마침내 그는 제44대 미국 대통령으로 당선됨으로써, 흑인으로서는 미국 역사상 최초로 대통령의 자리에 앉았습니다.

그리하여 버락 오바마는 인종 차별에 고통 받던 흑인들에게 희망의 아이콘으로 떠올랐습니다. 또한 그는 미국에서뿐만 아니라 미래의 꿈을 꾸는 세계의 수많은 어린이들과 젊은이들에게 가장 인기 있는 롤 모델, 희망을 심어 주는 삶의 멘토가 되기도 했죠.

다섯 살인 제이컵은 백악관에 근무하던 직원의 아들이었는데, 오바마가 백악관에 들어오자 자기 아빠와 함께 대통령을 만나는 기회를 얻습니다.

오바마를 만난 제이컵은 뜻밖의 말을 하여 주위 사람들의 웃음을 자아내게 만들었죠.

"대통령 아저씨, 저랑 머리가 똑같네요. 한 번 만져 봐도 되나요?"

어린 제이컵은 대통령이 자기와 닮은 흑인이라는 것이 신기했고, 대통령의 머리카락도 진짜 곱슬머리인지 만져서 확인해 보고 싶었겠죠.

산처럼 키가 큰 대통령은 꼬마 국민의 손이 닿을 수 있도록 그 자리에서 아낌없이 허리를 굽혀 주었습니다.

이 사진은 전 세계로 감동의 물결을 퍼뜨렸습니다. 자신을 완전히 굽힘으로써 대통령으로서의 권위는 한껏 높인, 국민과 공감하는 겸손한 리더의 모습으로 말이죠.

버락 오바마와 같은 행동을 할 때 사람들은 '눈높이'를 맞춘다고 합니다. 자신보다 어리거나 지위가 낮거나 약한 사람의 처지에 공감하기 위해 자신의 지위나 자존심을 내려놓는 행동이죠.

그런데 누구나 하고 싶다고 해서 상대방의 눈높이에 맞추는 행동을 쉽게 할 수 있는 것은 아닙니다.

높은 지위를 자랑하는 사람, 갑이라고 거들먹거리는 사람, 조그만 권력을 행사하며 콧대 높이는 사람, 재력이나 학벌을 내세워야만 직성이 풀리는 사람….

이런 사람들은 타인에게 자신의 눈높이를 맞추기가 여간 어렵지 않습니다. 비록 의도적으로 잠시 그런 행동을 했다 하더라도, 나중에는 그것이 어떤 목적을 노린 위선적인 행위라는 비판을 받는 경우가 허다하죠.

그러므로 자신의 눈높이를 낮추어 상대방과 공감하고 소통하려면, 우선 '마음 높이'를 낮추지 않으면 안됩니다. 상대방에 대한 우월감, 교만함 등과 같은 높은 마음을 완전히 내려놓을 수 있어야죠. 진심으로 말입니다.

진정성 있게 마음의 높이를 맞추지 않는, 형식적이고 의

례적인 눈높이만의 맞춤은 결과적으로 상대에게 더 큰 실망감과 상처를 안겨 주기 때문입니다.

그런데 눈높이는 보이지만 마음의 높이는 눈에 보이지 않아 알기가 어려우므로, 상대방과의 진심 어린 대화를 나누는 소통의 과정을 통해서 점진적으로 맞추어 나가는 것이 바람직합니다.

공감과 소통을 위한 자신의 눈높이와 마음 높이는 얼마쯤 되는지, 틈틈이 생각해 보면 좋을 것입니다. 그리고 사람들과 만나고 같이 일하는 일상의 시·공간 속에서 그들과 나의 높이를 맞추어 나가려는 관심과 노력이 필요합니다.

'눈높이'와 '마음 높이' 맞추기.
마음먹은 대로 행동하기가 쉽지 않겠지만, 평소에 관심을 기울이며 실천하기 위한 노력을 꾸준히 계속한다면, 자신의 좋은 습관으로 몸에 밸 수 있겠죠?

오늘은
만나는 사람들에게
자신의 눈높이는 물론
마음 높이까지도
맞춰 보려고 노력하며
대화해 보는 것이
어떨까요?

워커홀릭을 좋아하시나요

'일'은 누구에게나 소중합니다. 우리의 삶에서 보람을 얻고 행복을 추구하기 위해서 꼭 필요한 것이죠.

그런데 일을 지나치게 많이 하다 보면, 자신도 모르는 사이에 일 자체가 삶의 목적이 되는 주객전도의 상황에 빠져 버릴 수 있습니다.

즉, 자신과 가족의 행복한 생활을 위해 일하지 못하고 일하기 위해 휴식과 여가를 포기해 버리는, 거꾸로 된 삶을 살게 되는 것입니다.

삶의 균형은 깨지고, 일에 중독되어 버리는 것이죠.

그래도 다행인 것은, 최근 들어 일과 생활의 균형을 의미하는 '워라벨Work-life balance'의 중요성이 우리 사회에서도 점차 부각되고 있다는 점입니다.

'주52시간 근무제'와 같은 제도의 도입도 이러한 일과 생활의 균형을 맞추기 위한 사회적 노력의 긍정적 결과라고 할 수 있습니다.

'나는 지금 어떻게 일하고 있는가?'

균형 있는 삶과 참 행복을 위해 현재 자신의 생활과 일을 돌아볼 필요가 있지 않을까요?

'워커홀릭workaholic'은 일 중독자나 업무 중독자들을 가리키는 말인데, 정신병리학에서는 '과잉적응 증후군'이라고도 합니다. 이 용어는 1971년 미국의 웨인 오츠Wayne E. Oates 박사가 '워커홀릭의 고백'에서 처음 정의하였습니다.

더 나아가 그는 「워커홀릭스」(1978)에서, 자신의 모든 가치 기준을 일에 두고 있는 현대인들의 업무 제일주의가 단순히 성격적인 성향이 아니라 일종의 병이라고 규정하였죠.

또한 미국 하버드대학의 신경정신과 맥시 몰츠비 박사가 워커홀릭을 대상으로 임상 실험한 결과, 이들은 심장 질환을 비롯한 여러 질병에 걸릴 확률이 매우 높은 것으로 나타났습니다.

몰츠비 박사가 예로 든 대표적 일 중독자들은 '일을 집에까지 들고 가는 사람', '식사 중에도 책을 보는 사람', '휴가 중에도 회사에 연락을 취하는 사람' 등이었죠.

한편, 독일에 있는 하르트발트 클리닉의 페터 베르거 박사는 일 중독자와 건강하게 일하는 사람을 다음과 같은 질문을 통해 구분할 수 있다고 합니다.

'하던 일을 중단하거나 미루어 버릴 수 있는가, 없는가?'

이런 연구 결과에 대해 반문하는 사람들도 있습니다.

"일하는 걸 쉬는 것보다 좋아하는 사람이 얼마나 되겠어? 쉬고 싶지만 어쩔 수 없이 하는 거지."

그러나 어쩔 수 없다고 합리화하다가 자기도 모르게 일에 빠져 살게 되는 것이죠.

어느 날 밤, 그들은 서류 뭉치를 집으로 가져오는 자신을 발견하고도 아무렇지도 않게 생각합니다. 지극히 자연스럽게 여기는데, 이것이 일 중독의 대표적 현상이죠.

일하는 시간만이 최고로 즐겁다면서 자신을 스스로 워커홀릭이라고 부르는 유명 예술인도 있습니다. 그런 모습을 보고 부러워하는 이들은 워커홀릭을 프로답게 사는 멋진 사람이라고 오해하기도 하죠.

그러나 다른 표현으로 '슈퍼 직장인 증후군'이라고도 하는 일 중독자들을 향한 전문가들의 경고는 엄중합니다.

'오랫동안 일에 매달려 있다가 일을 잠시 떠나 있거나 휴식을 취할 때는 이유 없이 두렵거나 초조함을 느끼게 되며, 그로 인해 가족 관계나 대인 관계에서 문제를 일으킨다.'

이러한 증상이 심해지면 알콜이나 약물에 중독된 것처럼 일 중독에서 벗어나기 어려울 뿐만 아니라, 우울증, 강박증, 고혈압, 위장병 등과 같은 여러 질병까지 유발할 수 있다는 것이 전문가들의 일관된 견해이죠.

또 '번아웃 증후군Burnout syndrome'에 걸릴 수도 있는데, 이것은 의욕적으로 일하던 사람이 극도의 신체적·정신적 피로감 때문에 무기력해지는 현상입니다.

일에만 몰두하다 보면 때로는 쉬는 것조차 잊어 버리기 때문에 육체뿐 아니라 정신까지 쉴 시간이 부족해져, 이처럼 여러 가지 이상 증상들이 나타나는 것입니다.

그러므로 자신이 워커홀릭이 아닌가 하는 의심이 든다면, 지금 곧 일의 양과 시간을 줄여야겠죠? 자신의 의지만으로 극복하기 어려우면 전문가의 도움을 받아도 좋겠지요.

일에 지친 육체를 쉬게 하고 마음의 안정을 취하는 시간을 가지는 것이. 자신이 그렇게도 좋아하는 일의 능률을 높이기 위해서 훨씬 더 도움이 되는 현명한 선택입니다.

행복한 생활을 영위하는 주인공인 '나'가 지키고 있어야 할 무대를, 거꾸로 된 삶을 사는 '워커홀릭'에게 내주어서는 안되겠죠?

오늘은

몰두하던 일을
잠시 멈춘 후,
하늘을 바라보며
여유롭고 편한 마음으로
소중한 나를 향해
이렇게 외쳐 보아요.

"일? YES! 중독? NO!"

part II

새로워지는 오늘

언제든지, 무엇이든지

'시작하기엔 너무 늦었어.'

'그 일은 나와 맞지 않아.'

무슨 일을 시작해 보려고 마음먹다가도 이런 생각 때문에 포기해 버린 적은 없었나요?

자신이 좋아하거나 오랫동안 꿈꾸어 오던 일을 하고 싶은 마음은 누구에게나 다 같습니다. 여건이 안되어 지금은 포기하지만, '언젠간 꼭 할 수 있겠지…' 하며 마음속에 간직해 둔 꿈들이죠.

재즈를 배우고, 웹툰을 창작하고, 스카이다이빙에 도전

하고, 발리댄스를 추고, 히말라야를 등반하고, 영화감독이 되고, 프로게이머가 되고, 멋진 프러포즈를 하고….

어린 시절부터 좋아하는 일을 하며 일찌감치 꿈을 성취하는 행운도 있지만, 대부분의 사람들은 생업에 매달리거나 여러 가지 환경적 제약 때문에 멀어져 가는 꿈을 그저 안타깝게 바라보기만 합니다.

그러다가 시간적·경제적 여유가 생겨 다시 그것을 시작하려면, 그때는 나이가 발목을 잡습니다. 아니면 체면이나 주위의 시선 때문에 가로막히기도 하죠.

하지만, 어떤 일을 시작하는 데에 과연 그에 딱 맞는 나이나 조건이 있는 것일까요? 자신이 원하는 일이 꼭 그때 그 자리에서 기다려 줄까요?

1953년 미국 시사 주간지 「타임TIME」의 표지 모델로 한 여성이 선정됐는데, 주인공은 당시 미국에서 '국민 화가'로 불리던 93세의 모지스Anna Mary Robertson Moses였습니다.

'그랜드마 모지스Grandma Moses'라는 애칭까지 있을 정도로 유명한 그녀는 젊을 때부터 미술을 시작하진 않았죠. 그녀가 본격적으로 붓을 잡았을 때는 75세쯤, 이미 한 쪽 발은 무덤에 가 있을 만한 나이였습니다.

평생 농장에서 살아온 모지스는 소일거리 삼아 놓던 자수를 관절염 때문에 할 수 없게 되자, 바늘 대신 붓을 들었습니다.

그리고는 자신이 사는 마을의 사계절, 마을 사람들의 다양한 일상생활의 모습들을 화폭에 담았습니다. 모지스는 자신의 그림을 엽서로 만들어 이웃들에게 나눠 주기도 하고, 마을 이곳저곳에 붙여 놓기도 했죠.

그러던 어느 날, 한 약국의 벽에 걸려 있던 모지스의 그림을 보고 감동 받은 루이스 칼더에 의해 그녀의 작품들은 드디어 마을 밖 넓은 세상으로 모습을 드러냅니다.

'어느 농부의 아내가 그린 그림들'이라는 타이틀의 첫 전시회가 열린 것은 모지스의 나이 80세 때였죠. 다른 화가에서는 찾아보기 힘든 그녀의 따뜻하고 소박한 터치의 그림에 수많은 미국인들이 열광하였고, 덩달아 그녀의 이름도 날아올랐습니다.

그러나 모지스는 그 유명함이 늘 어색하였죠. 그녀는 그저 그림 그리는 일이 좋을 뿐이었거든요.

"늘그막에 찾아온 유명세나 언론의 관심에 신경을 쓰기엔 나이가 너무 많아요. 그보단 다음에 어떤 그림을 그릴지 생각한답니다."

자신이 좋아하는 그림과 함께하며 풍요롭고 행복했던 모지스의 삶은 101세까지 이어졌습니다. 그는 평소에 사람들에게 이렇게 말하곤 했죠.

"하고 싶은 일이 있다고요? 그럼 그냥 하시면 됩니다. 삶은 우리가 만들어 나가는 것이에요. 언제나 그랬고, 앞으로도 그럴 겁니다."

최근 우리 사회도 모지스처럼 살고자 하는 사람들이 많

아지는 추세죠. 고령 인구가 증가하면서 일과 나이에 대한 인식이 예전과는 크게 달라진 결과입니다.

은퇴 후에도 '인생 이모작'을 꿈꾸며 새로운 일을 찾거나, 젊은 시절에 못 다한 배움의 길을 가는 열정적인 노인들이 늘어나고 있는 것이죠.

나이가 많아서, 자기의 적성에 딱 맞지 않아서, 취업을 하지 못해서, 혹은 학력이 부족해서 우리가 무엇을 시작하지 못하는 것은 결코 아닙니다.

시작하지 않기 때문에 못하는 것입니다.

'나는 언제든지, 무엇이든지 시작할 수 있어.'

이처럼 늘 자신의 능력에 대한 믿음을 마음에 간직하고 생활하는 것이 좋겠지요? 그러다가 꼭 하고 싶은 일이 신명하게 떠오르면, 그 일을 할 수 있는 방법을 찾아보고 준비한 뒤, 망설이지 말고 바로 실행에 옮기면 됩니다.

시작하면, 이루어집니다.

오늘
하루의 출발선에서
나는
무슨 일을 하고 싶은지
무슨 일을 할 수 있는지
생각해 보고, 결심하면서
마음속으로
이렇게 외쳐 볼까요?

'시작하자, 지금 바로!'

열두째 날

같은 거리, 다른 행군

'애개, 겨우 이거야?'

'와우! 이만큼이나?'

이 두 표현에는 똑같은 상황을 대하는 상반된 인식이 드러납니다. 앞은 부족함, 실망과 같은 부정적 인식이, 뒤는 만족함, 희망과 같은 긍정적 인식이지요.

같은 직장에서 동일한 월급을 받은 두 회사원의 경우, '이것밖에 못 벌었네.' 하는 말과 '이만큼이나 벌었네.' 하는 말 사이의 심리적 거리는 매우 멉니다.

시험이 끝난 교실에선 같은 결과를 두고도, '멍청하게도 하나 틀렸어.'라고 좌절하는 목소리와, '하나밖에 안 틀렸네!'라고 성취를 자축하는 목소리가 서로 교차하지요.

동일한 상황에 대해 이처럼 스트레스의 유무라는 상반된 심리적 반응을 보이는 데는 어떤 이유가 있을까요?

체코슬로바키아 태생의 세계적 임상심리학자인 브리즈니츠Shlomo Breznitz 박사의 널리 알려진 연구 중에는, 이스라엘 육군의 훈련병들을 대상으로 한 심리 실험이 있습니다.

그것은 병사들을 4개 조로 나누어 20km를 행군시키는 실험이었는데, 조별로 다음과 같이 조건을 달리하였죠.

1조: '20km 행군'을 예고하고, 5km마다 앞으로 얼마의 거리가 남았다고 알려줌.

2조: '먼 거리의 행군'이라고만 말하고 행군함.

3조: '15km 행군'을 예고했다가, 14km 지점에 이르러 '20km 행군'으로 변경해서 알려줌.

4조: '25km 행군'을 예고했다가, 14km 지점에 이르러 '20km로 단축'으로 변경해서 알려줌.

행군 결과, 스트레스를 가장 많이 받은 팀과 가장 적게 받은 팀은 어느 조였을까요? 보통 일의 양이 많으면 스트레스를 많이 받는다고 하는데, 그렇다면 다 온 줄 알았는데 더 가야 했던 3조가 가장 스트레스가 많았을까요?

브리즈니츠 박사의 보고서는 이런 예상과 달랐습니다.

정확한 행군 거리와 남은 거리를 알면서 행군한 1조가 가장 사기가 높고 가장 적은 스트레스를 받은 반면, 행군 거리를 전혀 모르고 간 2조가 가장 사기가 낮고 스트레스도 가장 많이 받은 것으로 나타났습니다.

그런데 예상 거리보다 짧게 행군한 4조가, 예상 거리보다 더 길게 행군한 3조보다 훨씬 사기도 저하되고 스트레스도 많이 받았다는 점이 특이하였습니다.

왜 그럴까요?

4조 병사들은 사전에 정확한 거리를 알려주지 않은 점에 대해 불만이 높았다는 것이 그 이유였죠.

이 결과에 대한 브리즈니츠 박사의 해석입니다.

"어려움이나 편안함보다는 희망과 절망이 인간에게 중요한 문제이며, 인간이 가장 큰 스트레스를 받을 때는 어려울 때가 아니라 희망이 없을 때이다."

특히 오늘날의 삶과 관련하여, 브리즈니츠 박사의 실험에서 우리가 기억해야 할 것은 1조의 결과입니다.

1조는 자신들이 도달해야 할 목표까지의 거리 예측이 가능했으며, 고단한 행군 중에도 일정한 시간마다 정확한 정보를 습득하였습니다. 그들이 스트레스를 받지 않았던 가장 중요한 이유였죠.

아마 1조의 병사들은 다른 조의 병사들보다 훨씬 여유로운 마음으로 대화하고, 주변 경치도 감상하면서 행군을 즐겼을 것입니다. 그들은 고난의 끝을 알고 있었으니까요.

예측 가능한 목표를 향한 행군.

이것을 다르게 말한다면, 희망이 있는 삶이 아닐까요? 이에 반해 자신의 힘든 상황이 언제 끝날지, 얼마나 남았는지조차 알 수 없는 삶이라면, 얼마나 절망적일까요?

희망과 절망은 남과 비교해서 산술적으로 계산되는 물질적 가치의 많고 적음에서 비롯되는 것이 아닙니다.

만약 그러한 양적이고 상대적인 만족을 추구하는 데에만 전념하다 보면, 그 삶은 실험 속의 2조처럼 언제 끝날지도 모르는 길을 힘겹게 가는 것이나 매한가지겠지요.

그러므로 행복한 삶을 위해서는, 우선 내가 도달하고자 하는 목표와 가야 할 거리에 대해 정확한 정보 습득과 계획 수립이 필요합니다.

그리고 난 후 그 계획에 알맞게 나의 속도를 조절한다면, 불안은 해소되고 희망의 발걸음은 더욱 힘차게 내디딜 수 있을 것입니다. 속도의 조절은 삶의 여유도 가져다 줍니다. 여유는 행복한 삶의 한 조건이지요.

내 목표까지의 예측 가능한 거리를 정하고, 하루하루 그에 알맞은 속도로 이웃과 자연과 함께 걸어가는 여유로운 길. 집착이나 불확실성, 불안으로 인한 스트레스가 없는 그 오늘이 바로 기쁨의 날, 행복의 날입니다.

나에게
알맞은 속도로,
내가 가야 할 거리를 내다보며
힘찬 출발의 발걸음을
내딛는 오늘 아침은
얼마나 여유롭고
희망에 넘칠까요?

열셋째 날

미래의 어느 오늘

'내가 꿈꾸는 미래는 정말로 올까?'

변화의 속도가 엄청나게 빠른 불확실성 시대에 살다 보니 종종 이런 의문이 듭니다.

급격한 변화는 지구촌 곳곳에서 동시다발로 일어나고 있으며, 한 분야의 변화가 다른 분야들까지 영향을 끼치고 있습니다. 그래서 그 변화는 폭넓은 범위에서 다양하게 나타날뿐 아니라, 예측하기도 어렵지요.

그렇기에 우리가 지금 알고 있거나 배우는 지식과 기능

들이 미래에도 과연 도움이 될지 확신하지 못합니다. 현재 잘 나가는 직업들이 사라질 날도 멀지 않다고 예견하는 미래학자들의 말을 들으면 더 그렇지요.

그렇다고 해서 그런 불확실성이 현재의 삶에 부정적 영향을 끼치는 것은 결코 바람직하지 않습니다. 한 예로, 인공지능이 모든 요리를 해 주는 시대가 온다고 하니 이제 요리는 전혀 배울 필요가 없는 것일까요?

애플 사Apple Inc.의 창업자인 스티브 잡스Steve Jobs는 현재의 배움과 미래의 삶에 대하여 불안해하는 사람들에게 희망의 메시지를 전해 줍니다.

대학을 졸업하지 않은 스티브 잡스가 2005년 6월 12일 스탠포드대학 졸업식에 초청 받아 연설을 하였습니다.

그 내용은 인생의 전환점, 사랑과 상실, 죽음에 관한 이야기들이었죠. 이 중에서, 인생의 전환점에 관한 그의 경험담은 현재와 미래에 대해 성찰하게 합니다.

스티브 잡스는 리드 칼리지Reed College에 입학한 지 불과 6개월 만에 자퇴했습니다. 노동자였던 그의 양부모가 힘들게 모은 돈이 모두 자신의 학비로 들어가는 데다가, 대학 공부가 그만한 가치가 없다는 판단으로 내린 결정이었죠.

그는 '모든 것이 다 잘될 거라 믿고 자퇴를 결심'했던 그 일이 인생 최고의 결정 중 하나였다고 회고했습니다.

자퇴한 그는 정규 과목을 들을 필요가 없었으므로, 리드 칼리지에서 글씨체에 대해 배우기로 마음먹고 서체 강좌를 수강했습니다.

서체 강좌는 잡스에게 매력적인 배움이었죠.

"그것은 과학적 방식으로는 따라 하기 힘든 아름답고, 유서 깊고, 예술적으로 미묘한 것이었고, 난 매료되었다."

글씨체를 배우는 일이 인생에 도움이 되어서가 아니라, 그저 배움 자체가 그에겐 즐겁고 행복한 일이었죠. 그것이 스티브 잡스가 자신의 '오늘'을 살았던 방식이었습니다.

그리고 10년 후, 그 배움은 스티브 잡스의 컴퓨터 인생에 새롭고 찬란한 빛을 발합니다. 매킨토시 Macintosh에 자신이 배운 서체의 기능을 집어넣음으로써 아름다운 글씨체를 가진 최초의 컴퓨터를 탄생시킨 것이죠.

스티브 잡스는 이에 대해 힘주어 말했습니다.

"그 서체 수업을 듣지 않았다면 매킨토시의 복수 서체 기능이나 자동 자간 맞춤 기능은 없었을 것이고, 맥을 따라 한 윈도우도 그런 기능이 없었을 것이고, 결국 개인용 컴퓨터에는 이런 기능이 탑재될 수 없었을 것이다."

그는, 젊은 시절엔 배움의 순간들이 인생의 전환점이라는 것을 알 수 없었지만, 10년이 지난 후 모든 것이 분명하게 보였다고 했습니다.

그러면서 사회로 나가는 대학 졸업생들을 향하여 확신에 찬 선언을 펼쳐 보였습니다.

"지금은 여러분들은 미래를 알 수 없다. 다만 현재와 과거의 사건들만을 연관시켜 볼 수 있을 뿐이다. 그러므로 여러분들은 현재의 순간들이 미래에 어떤 식으로든지 연결된다는 걸 알아야만 한다."

미래가 불확실한 시대를 불안한 마음으로 살아가는 오늘의 젊은 세대에게, 자신이 배우는 일이 미래에 무슨 의미가 있을 것인지 모르겠다는 회의론자들에게, 스티브 잡스가 전하는 메시지는 명확합니다.

'오늘은 미래와 연결되어 있다.'

현재의 배움이 미래의 어느 '오늘'에 연결되어 있다는 믿음, 이것이 바로 나의 꿈을 향해 오르는 튼튼한 희망의 사다리입니다. 그 배움은 내가 선택한 것이고, 늘 즐거운 마음으로 새로운 세계를 알아가고 있다면, 나는 분명 목표의 성취와 자아실현을 향해 나아가고 있는 것입니다.

그러니 미래의 불확실성을 핑계로 현재의 소중한 시간을 허비하는 것이야말로 가장 어리석은 일이 아닐까요?

오늘
내가 선택하여
보고, 듣고, 배우는
모든 것들이
미래의 어느 멋진 날로
나를
인도합니다.

'BTS'의 성공 키워드

일류 요리사의 레시피recipe를 순서대로 따라 할 수는 있어도, 그의 내면에서 샘솟아 나온 듯한 창의적인 맛까지 똑같이 만들어 내기란 여간 어렵지 않습니다.

어머니의 '손맛'이야 더 말할 것도 없겠죠?

얼핏 보면 대충 양념하고 눈대중으로 간을 맞추는 것 같지만, 어머니의 손에서 창조되는 음식 맛은 아무나 흉내 낼 수 없는 일품입니다.

어떤 사람은 그 맛의 비결을 경험의 쌓임이라지만, 그보다는 요리하는 어머니 마음이 깃든 결과가 아닐까요?

자식에게 최고로 맛있는 한 끼를 먹여 주고 싶은 사랑의 마음, 즉 어머니의 '진정성'입니다. 다른 사람의 눈에 안 보이는 그 비밀의 양념이 재료 속에 버무려지는 것이죠.

인간관계, 학업, 사업, 예술 등 어떤 영역이든지 성공한 사람들의 이면을 잘 들여다보면, 겉으로 드러나는 화려한 레시피 뒤에 그들만의 진정성이 숨어 있음을 알게 됩니다.

2018년 10월 미국 시사 주간지 「타임TIME」은 'K-POP' 스타 방탄소년단BTS을 '차세대 리더'로 일컬으며 표지 모델로 선정하였는데, 그 이유를 이렇게 밝혔습니다.

"방탄소년단은 비틀즈와 원 디렉션처럼 듣기 좋은 음악을 들려주고 있고, 뉴키즈 온 더 블록과 엔 싱크를 연상하게 하는 댄스를 보여주지만, 방탄소년단만의 새로운 길을 개척하고 있다."

여기서 '방탄소년단만의 새로운 길'이라고 하는 타임지의 평가는 무엇을 의미할까요?

그것은 BTS가 기존 월드 스타들의 음악을 흉내 내며 그들의 길을 뒤따라가는 아류가 아니라, 그들만의 진성성 있는 음악을 만드는 창의적인 뮤지션으로서 새로운 영역을 열어가고 있다는 뜻이죠.

이처럼 BTS는 자신들의 삶에서 우러난 진정성이 담긴 음악을 통해 지구촌의 수많은 팬들과 공감하고, 그들을 열광하게 만들며, 나아가 그들의 삶까지도 변화시키는 혁명적 음악의 아이콘으로 자리 잡아가고 있습니다.

그러면, BTS의 그 진정성은 어디에서 비롯되었을까요?

그들의 소속사 대표가 인터뷰한 내용 속에서 그 단서를 찾을 수 있습니다.

"첫 번째 앨범을 만들기 시작할 때부터 그들에게 딱 한 가지만을 요구했습니다. '방탄소년단의 음악은 방탄소년단 내면에 있는 이야기가 되어야 한다.'는 것이었죠.

그것 외에는 멤버들에게 연습 시간을 강제하지도, 생활을 통제하지도 않았습니다. 모든 것에 자유를 주고, 멤버들이 자발적으로 참여하도록 했습니다."

자율을 통한 자발적 참여.

이것이 바로 진성성이 녹아 있는 BTS의 음악을 탄생하게 만든 튼튼한 기반이었습니다.

자율이 완전히 보장된 참여 속에서, 멤버들은 '7인 7색' 자신들의 이야기와 누구나 공감할 수 있는 진솔한 내면을 그들의 음악에 담아 내었습니다.

BTS는 음악을 만드는 여러 재료 속에 그들만의 삶의 이야기, 즉 진정성이라는 내면의 양념을 절묘하게 버무림으로써 세계 모든 팬들의 마음을 사로잡은 새로운 '음악의 맛'을 창조한 것이죠.

한 음악 평론가는 BTS의 성격을 이렇게 규정하기도 했습니다.

"방탄소년단은 아이돌 시스템에서 만들어졌지만, 자율형이에요. 바깥의 힘보다는 스스로 학습하는 자율학습형 아이돌이라고 할까요?"

이처럼 자율성은 스스로 배우고 성장할 수 있도록 이끌

어주는 아주 강한 에너지입니다. 또한 자율성은 개인의 내면에 잠재되어 있는 개성을 키우며, 삶의 진정성을 길러 주는 영양 만점의 밑거름입니다.

이렇게 숙성된 진정성이 나의 일과 작품 속으로 자연스럽게 녹아들어 갈 때, 사람들에게 감동을 주는 아름답고 창의적인 '내 삶의 맛'이 탄생하는 것이죠.

어떤 분야에서든지 개인의 자유와 자율을 온전히 보장해 주는 역동적인 시스템을 갖춰야만, 개성과 진정성이 녹아 있는 창조의 씨앗이 움틀 수 있습니다. 그리고 그 씨앗이 잉태하여 자라난 창의성으로 '새로움의 탄생'이라는 꿈이 이루어지고, 자아실현을 성취할 수 있게 됩니다.

하루의 생활 속에서 종종 이런 물음을 스스로에게 던져 보면 좋겠습니다.

'나의 삶은 자율적인가?'

'나는 진정성을 가지고 일하고 있는가?'

자율과 참여는
우리의 내면에
잠재되어 있는
'진정성'을 끌어내어
새로운 창조와 자아실현을
촉진하는
키워드입니다.

고철 덩어리가 된 요트

우리 주변에는 걱정이 지나친 나머지 도전하고 싶은 일이 있어도 선뜻 나서지 못하는 사람들이 있습니다.

넘어질까 봐 달리지 못하고, 물이 무서워 강가 근처에도 가지 않고, 고소공포증 때문에 고층 건물을 기피하고, 살찌는 게 두려워 좋아하는 음식조차 먹기를 꺼리고….

다들 걱정이 많고 실패가 두려워 도전을 포기한 채, 자신의 한계에 갇혀 있는 사람들이죠. 그들은 마치 폭풍을 만날까 봐 두려워 출항하지 못하고 밤낮 항구에 묶여 있는 배와도 같은 신세는 아닐까요?

어떤 물건이든지 값비싼 것들을 사 모으기 좋아하는 부자가 있었습니다. 대궐 같은 그의 집안에는 고가의 골동품들과 온갖 미술품들로 발 디딜 틈이 없었죠.

하루는 이 부자가 항구로 산책을 나갔다가 최고급 요트를 발견하자마자, 바로 큰돈을 주고 그것을 구입했습니다.

그런데 요트를 집안으로 들여올 수 없어서 비서에게 명령했습니다.

"이 최고급 요트를 단단히 묶어 두고 잘 관리하게."

부자는 대신 거실 벽에 요트 사진을 걸어놓고 늘 감상하며 흡족하게 지냈습니다. 물론 비서에게는 요트가 무사히 잘 있는지 매일 확인하라는 지시도 잊지 않았죠.

얼마의 시간이 흐른 뒤, 부자가 비서와 함께 항구로 나가 보았더니, 온통 갈매기들의 배설물을 뒤집어쓴 요트는 빛이 바래고 녹슬어 있었습니다. 화려했던 처음의 모습은 온데간데없었습니다. 그건 거대한 고철 덩어리나 다름없었죠.

화가 치밀어 오른 부자는 요트 관리의 책임을 물어 아무

잘못도 없는 비서를 당장 해고하였습니다. 비서는 주인이 시키는 대로 요트를 잘 묶어 두었을 뿐인데 말이죠.

배를 가장 안전하게 관리하는 방법은 무엇일까요? 간단합니다. 이 부자처럼 항해하지 않고 항구에 단단히 묶어 두기만 하면 됩니다. 즉, 철저한 보관이죠.

그런데 그것이 진짜 관리일까요?

사고 날까 봐 주차장에 가만히 모셔 둔 자동차, 닳을까 봐 신지 않고 신발장에 보관해 둔 새 구두, 다칠까 봐 놀이터에 내보내지 못하고 집안에만 가두어 놓은 아이….

이런 경우들이 다 마찬가지죠. 관리한다지만, 사실은 그 물건이나 사람의 존재 의미를 상실하게 하고 본질의 가치를 망가뜨리게 하는 어리석은 속박에 불과합니다.

배는 드넓은 바다를 항해하기 위해 태어났습니다.

항구를 떠날 때만이 배로서의 존재 가치가 있죠. 그리고 항해 중인 배 앞에는 늘 평탄한 바다만 기다려 주지 않습니다. 언제든 폭풍우와 높은 파도의 위험에 직면하는 것이 배의 숙명입니다.

따라서 궂은 날씨와 싸워 이기며 거센 바람과 파도를 넘어서야만, 배는 대양을 항해하고 목적지 항구에 입항하는 꿈을 이룰 수 있습니다.

우리 인생도 항해와 같다고 일컬어집니다. 순탄하기만 한 인생이란 없지요. 폭풍 같은 어려움을 만나 실패할 수도 있고, 거친 파도처럼 굴곡진 삶을 살기도 합니다.

만약 자신의 인생에 아무런 어려움도 일어나지 않기를 바란다면, 그냥 집안에 틀어박혀 있으면 됩니다. 마치 항구에 묶여 있는 배처럼 말이죠.

그렇게 하면 당장은 힘든 일 없이 편하겠지만, 출항하지 않는 배가 서서히 녹슬어 고철 덩어리가 되어 가듯, 일하지 않는 사람도 결국 폐인이 되고 말지 않을까요?

영국의 석학 아널드 J. 토인비 Arnold Joseph Toynbee 는 「도전과 응전」이란 책에서, 인류의 역사는 도전에 대한 응전이 있을 때 승리하였고 발전해 나갔다고 말합니다.

인간의 생명을 위협하는 수많은 재난과 질병의 공포, 정의의 역사를 후퇴시키는 침략과 전쟁의 발발 등 수많은 도전에 맞서, 인류는 용기 있는 응전을 통하여 위기를 극복해 냄으로써 오늘의 문명을 이룩하였습니다.

개인의 역사도 마찬가지입니다.

우리 모두는 태어나서 처음 걸음마를 시작할 때, 아픔을 무릅쓰고 온몸을 내던지며 2천 번 이상의 넘어짐과 일어섬을 반복했습니다.

뇌는 잊었겠지만 우리의 몸은 기억하고 있습니다. 그 위대했던 인생 최초의 도전의 순간들을 말이죠.

농구 스타 마이클 조던Michael Jordan은 '경기장에서 9,000개 이상의 슛을 실패했고, 약 300경기에서 패배했으며, 26번 승부를 결정 짓는 슛을 실패했다.'고 합니다. 그의 끊임없는 실패가 곧 성공의 이유였던 것이죠.

개인이나 조직을 막론하고, 발전하고 성장하여 꿈을 이

루는 과정에는 반드시 앞길을 가로막는 장애물이 있게 마련입니다. 그것에 맞서지 않고는 헤쳐나갈 수 없습니다.

외부의 도전에 맞서지 않고 무기력하게 주저앉아 있으면 결국엔 스스로 침몰하고 맙니다. 강한 의지로 응전해야만 어려운 상황을 이겨 낼 수 있는 방법이 생기고, 위기를 기회로 반전시키는 지혜도 솟아나며, 때론 뜻밖의 행운도 기적처럼 나에게 찾아옵니다.

폭풍이 두렵다고 자신을 마냥 항구에 묶여 있는 요트의 신세처럼 내버려 두어서는 안되겠죠?

꿈을 이루기 위해 거침없이 세상을 항해해야 할 소중한 자신을 녹슨 고철 덩어리로 만들 수는 없으니까요.

꿈은 도전의 열매입니다.

오늘 바로
꿈의 대양을 향해 출항하는
도전의 항해를 위해
그동안 묶여 있던
삶의 닻줄을
힘차게
끌어올려 볼까요?

생각을 향해 총을 겨누다

지금은 4차 산업혁명 시대, 변화와 혁신의 시대입니다.

이런 시대의 흐름에 맞게 생각과 행동을 변화시켜야 한다는 목소리들이 여기저기서 들려오고, 창의적인 사고 방법에 대한 강연이나 책들도 봇물을 이룹니다.

그런데 사람은 무엇으로 생각할까요? 이 물음에는 거의 예외 없이 두뇌로 생각한다는 답이 나옵니다.

그러면 두뇌는 저 혼자서 저절로 생각하는 걸까요?

급박한 위기에 닥쳤던 사람이 순간적으로 초인적 힘을 발휘하여 살아난 다음, 이런 말을 할 때가 있습니다.

"내 몸이 먼저 반응했어."

두뇌가 생각하기에 앞서 몸이 먼저 움직였다는 것인데, 그러면 몸도 생각하는 걸까요? 두뇌를 지배하는 건 무엇인지 궁금해집니다.

오토 폰 비스마르크(Otto von Bismarck)는 19세기 후반 독일 제국의 '철혈 재상'으로 잘 알려진 인물입니다. 그의 절묘한 외교술은 19세기 유럽의 세력 균형을 주도했을 정도로 탁월했지요.

그가 젊은 시절에 어느 날 친구와 함께 사냥을 나간 적이 있었는데, 사냥 도중 그의 친구가 실수로 늪에 빠지는 불상사가 일어났습니다. 절체절명의 위기가 닥친 것이죠.

친구는 살려 달라며 소리를 질러댔지만, 점점 그의 온몸은 힘이 없어지면서 늪으로 빠져들어 갔고, 비스마르크도 발만 동동 굴렀습니다.

그러다가 그 위기의 순간에 비스마르크는 느닷없이 어깨

에 메고 있던 사냥총을 들어 친구의 머리를 겨냥했습니다.

늪에서 허우적거리던 친구는 비스마르크의 황당한 행동에 소스라치게 놀라며 비명을 질렀지만, 총을 겨눈 비스마르크의 목소리는 너무나 냉혹하였습니다.

"미안해. 너를 건지려다간 우리 둘 다 위험하게 될 것이고, 네가 처참히 죽는 모습을 보기도 고통스러우니, 차라리 편히 저 세상에 가도록 해 주는 게 좋겠어."

이 충격적인 상황에 맞닥뜨린 그의 친구는 갑자기 낯빛이 바뀌며 초인적 힘을 발휘하여 팔다리를 세차게 움직이더니, 기적처럼 늪에서 빠져나왔습니다.

그때야 비스마르크는 총을 내려놓았습니다.

한동안 숨을 몰아쉬던 친구는 정신을 차린 뒤, 분노가 넘치는 눈으로 비스마르크를 노려보며 따져 물었죠.

"너, 어떻게 친구로서 날 쏠 생각을 할 수 있어?"

그러자 비스마르크는 빙긋이 웃으면서 대답했습니다.

"정말 미안해. 사실 난 너의 머리를 쏘려고 한 게 아니라, 빠져나올 수 없다는 네 생각을 겨냥했던 거야."

늪에 빠진 위기에 닥쳤을 때 비스마르크 친구의 두뇌는 이렇게 판단했겠죠.

'늪에선 한 번 빠지면 결코 살아 나갈 수 없다.'

이러한 두뇌의 판단은 아무 근거 없이 나온 것이 아닙니다. 늪에 대한 지식과 경험의 결과이죠. 그런 두뇌의 판단은 신체의 기능을 무기력하게 만들었고, 그에 따라 몸은 힘없이 점점 가라앉을 수밖에 없었을 것입니다.

그런데 친구의 총구가 자신의 머리를 겨누고 있는, 곧바로 총알이 머리를 관통하여 즉사할 수 있는, 전혀 경험해 보지 못한 충격적인 상황이 발생했습니다.

이 순간 두뇌의 명령 체계는 정지 상태에 놓일 수 있습니다. 본능적으로 위험을 감지한 몸이 먼저 두뇌에게 경고를 보낼 수도 있죠.

그러자 과거의 지식과 경험이 만들어 놓았던 두뇌의 사고 체계가 순식간에 뒤바뀌며, 온몸의 에너지를 총동원하여 신체를 움직이게 함으로써 늪에서 필사적으로 탈출하도록 작용했을 것입니다.

두뇌 속에 일종의 혁명이 일어난 셈이죠.

이러한 예는, 오랜 세월 진리의 자리를 견고하게 지키던 수많은 이론과 상식들이 어느 순간 완전히 무너져 버리는 과학의 역사에서도 얼마든지 찾아볼 수 있습니다.

자연과학이 발달하지 못했던 시절의 견고한 생각들, 이를 테면 '쇳덩어리가 하늘을 나는 것은 불가능하다.', '지구는 평평하며 바다의 끝엔 절벽이 있다.' 등과 같은 주장을 지금 펼친다면 얼마나 우스꽝스러울까요?

이처럼 체험을 통해 인간의 두뇌 속에 형성된 사고 체계는 시대의 흐름과 문명의 발전에 따라 변화를 요구받게 됩니다. 바로 지금, 우리는 그러한 변화와 혁신의 시대에 살고 있는 것이죠.

4차 산업혁명 시대라고 말은 하면서도, 막상 행동은 과거가 만들어 놓은 전근대적 사고의 지배를 받고 있다면 우스운 일일 것입니다.

입은 '혁신'을 외치고 있으면서 몸은 '과거의 늪'으로 빠져

드는 형상이니까요.

'눈으로 보는 현실이 전부가 아니다.'

'두뇌 작용에 의한 생각이 완전한 것이 아니다.'

'나의 모든 경험의 결과는 세상에 존재하는 것들 중 극히 일부에 지나지 않는다.'

이와 같은 '생각의 유연성'이 혁신적 사고의 핵심 요소입니다.

모순, 역설, 역발상, 융합, 통섭 등 새로운 생각들로 무장한 혁신 시대가 지금 우리의 낡은 두뇌를 향하여 총구를 겨누고 있습니다.

변화의
파노라마 속으로
지금 바로
내 생각의 방향을 돌린다면,
오늘은
나의 혁신 시대가
시작되는 날이 될 것입니다.

'만루의 사나이'처럼

드라마틱한 요소를 많이 가지고 있는 프로야구는 국내 프로 스포츠 가운데에서 매우 인기가 높습니다.

가장 극적인 순간은, 마치 야구 만화의 한 장면처럼 승부를 일시에 뒤집어 야구장을 극장으로 만들어 버리는 9회말 역전 만루 홈런이 터질 때죠.

그래서 야구 경기를 위기와 기회, 역전이 반복되는 새옹지마 같은 인간의 삶에 비유하기도 합니다.

야구 경기에서 타자들은 한 게임에 보통 너댓 번 타석에 들어서는데, 매 타석은 기회인 동시에 위기입니다.

기분 짜릿한 안타나 홈런을 쳐서 팀에 승리를 안겨줄 수도 있고, 아웃을 당하는 바람에 좋은 타점 기회를 허무하게 날려 버릴 수도 있기 때문이죠.

헛스윙하여 삼진 아웃을 당한 타자가 미련이 남은 허탈한 표정을 지으며 더그아웃으로 들어가는 모습은 보기에도 참 안타깝습니다.

우리의 삶에도 야구 경기의 타자처럼 기회의 타석이 종종 찾아옵니다. 그런 절호의 기회에서 어떻게 선택하고 대처해야 내 인생의 역전을 가져오는 안타나 홈런을 칠 수 있을까요?

우수한 타자들이 즐비한 가운데에서 타이거즈 팀의 강타자 이범호 선수는 특별히 '만루의 사나이'로 불립니다.

2000년에 한국 프로야구 무대에 데뷔한 그는, 2018년 시즌에 만루 홈런 1개를 추가함으로써 현재 개인 통산 17개의 만루 홈런을 기록 중입니다. 이 기록은 역대 KBO리그 타자를 통틀어 부동의 1위이죠.

만루 상황은 수비하는 투수 쪽에서는 위기의 순간이지만, 타자한테는 절호의 공격 기회입니다. 따라서 투수와 타자 둘 다 극도의 긴장감 속에 빠져들 수밖에 없죠.

위기를 벗어나느냐 기회를 살리느냐의 치열한 승부가 전개되며, 이를 지켜보는 양 팀 선수단이나 응원단의 긴장감과 기대감도 최고조에 달합니다.

이러한 극도의 긴장감을 극복해 내면서, 이범호 선수가 한국 프로야구 사상 가장 많은 만루 홈런을 치고 있는 비결은 무엇일까요?

2017년도에 한 기자와의 인터뷰에서 이범호 선수는 만루 상황에서 타석에 들어서는 자신의 마음을 솔직하게 드러냈습니다.

"경험이 많아서 과거보다는 덜하지만, 여전히 만루에서 못 칠까 봐 부담스럽습니다."

그러면서 그는 '투수의 유형을 살펴 초구에 칠지 2구에 칠지 결정'한 다음, 이렇게 대처한다고 말했습니다.

"마음의 결정이 내려지면 망설이지 않고 무조건 과감하게 칩니다. 타자보다는 투수가 더 부담스러운 상황이죠. 그것을 생각하면 타자는 더 과감해질 수 있습니다."

이범호 선수가 밝힌 만루 홈런의 비결은 지극히 평범하고 당연한 것으로 보입니다.

그러나 '마음의 결정'과 '과감성'이라는 두 요소를 실제 행동으로 옮기기엔 결코 만만치 않습니다. 그것들은 흔들림 없는 강한 정신력을 필요로 하기 때문이죠.

'청혼을 할 것인가, 말 것인가?'
'투자를 할 것인가, 말 것인가?'
이처럼 삶에서 맞닥뜨리는 기회와 선택의 순간, 어떤 방향으로든 반드시 결과를 만들어 내야만 할 때, 이 '마음의 결정'과 '과감성'은 실행을 위한 좋은 무기가 됩니다.

물러설 수 없는 순간에 타자가 투수의 유형을 파악하고 언제 칠 것인가를 결정하듯이, 먼저 자신에게 찾아온 기회의 상황을 면밀히 파악한 후 어떤 선택을 할 것인지 확고한 결정을 내려야 합니다.

공을 쳐야겠다고 결정했으면, 절대 망설이지 말아야겠죠? 잠시라도 주저하는 사이에 기회는 순식간에 내 앞을 지나가 버릴 테니까요. 과감하게 쳐야만, 공이 배트에 정확히 맞아 홈런이 되든지, 아니면 파울볼이 되든지 그 결과가 내 앞에 나타납니다.

만약 첫 번째 실행이 실패로 끝났다고 해도, 결코 후회해서는 안되겠죠? 새로운 기회는 반드시 다시 찾아옵니다.

첫 타석의 실패를 후회하며 낙담에 빠져 있다 보면, 다시 날아온 두 번째 기회의 공에는 손도 못 대고 멍하니 서 있는 허망한 일이 벌어질 수도 있습니다.

지나간 것은 바로 잊고, 다음 기회를 나의 성공으로 만들겠다는 새로운 선택과 결단이 필요한 것이죠.

오늘은
나에게 주어진
기회의 타석에서
'만루의 사나이'처럼
과감하게
삶의 배트를
휘둘러 볼까요?

세상에서 제일 아름다운 꽁지

자신에게 가장 소중한 것을 말해 보라면, 사람마다 제각
각입니다. 나에게 소중한 것이 남에겐 아닐 수 있고, 그 반
대도 있죠. 그런 것들은 옳다 그르다고 말할 수 없는, 개성
이고 차이일 뿐입니다.

그런 개인차를 서로 인정해 주지 못할 때는 감정이 상하
기도 합니다. 무더운 여름에도 소중한 위의 건강을 위해 온
수를 마시는 자신을 향해 누가 '바보 아냐? 이렇게 더운데…'
하고 핀잔을 주면, 기분은 당연히 나빠지죠.

그런데 단지 개인적 기호나 취미 차원이 아니라, 누가 봐도 소중한 것을 자신만 모르고 있다면 괜찮은 걸까요?

사소하거나 엉뚱한 것에 온 신경을 기울이다 보면, 위기의 순간에 자신에게 정말 귀하고 본질적인 것을 망각한 채 영영 잃어버릴 수도 있습니다.

인도의 히말라야 일대에는 '계조鶏鳥'라는 새에 관한 흥미로운 이야기가 전해집니다.

계조는 깊은 숲속에 둥지를 틀고 있었는데, 길고 아름다운 꽁지를 자신의 모든 것 중에서 제일로 소중히 여기고 자랑스러워했습니다. 다른 새들은 갖지 못한 화려한 꽁지를 예쁘게 가꾸고 다듬는 데 갖은 공을 들였죠.

움직일 때면 꽁지에 행여 더러운 게 묻지 않을까 나뭇가지에 긁히지 않을까 걱정이 되어, 계조는 늘 널찍한 풀밭에서 조심조심 걸어다니곤 했습니다.

날아다닐 수는 있었으나, 꽁지의 깃 하나라도 빠질까 봐

날개를 쓰지 않다 보니 나는 법조차 잊을 지경이 되었습니다. 게조에겐 긴 꽁지 외에 그 무엇도 중요하지 않았죠.

어느 날 한 사냥꾼이 숲에 나타났습니다.

마침 그는 널찍한 풀밭에서 노닐고 있는 게조 한 마리를 발견하고는 얼른 풀숲 뒤로 몸을 숨겼습니다. 그리고는 게조가 날아갈 것에 대비하여 활을 겨누고 있었죠.

그런데 시간이 흐르면서 사냥꾼은 의아한 생각이 들었습니다. 분명히 인기척이 났음에도 불구하고, 게조는 도망가기는커녕 여유롭게 계속 걸어다니기만 했으니까요.

사냥꾼이 몸을 천천히 일으켜 가까이 다가가는데도 게조는 여전히 그대로였죠.

'이놈의 새는 장님인가?'

이렇게 생각하며 사냥꾼은 전혀 도망갈 생각이 없는 게조의 목덜미를 우악스런 손으로 덥석 움켜잡았습니다.

결국 게조는 죽어 박제가 되고 말았습니다.

게조에게 꽁지는 도대체 무엇이었을까요?

사냥꾼에게 잡히는 순간까지도 게조는 자신의 예쁜 꽁지가 상할까 봐 걱정하고 있었을 테니 말입니다.

긴 꽁지만이 자신의 전 존재라고 여기며 살아왔던 게조는 자신이 새라는 본질조차 잊어버리지 않았을까요?

그렇지 않았으면, 게조는 생명체로서 자신의 목숨을 지키기 위해 위기의 순간에 마땅히 사냥꾼을 피했어야만 했습니다.

우리 주변에서도 가끔 이와 같은 경우를 보게 됩니다.

타인들의 시선과 평가를 지나치게 의식한 나머지 자신의 소중한 감정을 억눌러 버리거나, 감각적인 쾌락을 추구하다가 건강을 잃어버리기도 합니다. 혹은 자신의 자존심이나 열망만 쫓다가 주변의 소중한 사람들을 잃기도 하지요.

이처럼 우리가 인간관계를 그르치고 자신을 망치는 일들은, 별로 중요하지 않은 비본질적인 것에 탐닉하거나 어떤 사태가 발생했을 때 사소한 것에 집착하다가 그릇된 판단을 하는 바람에 일어나는 경우가 대부분입니다.

그러므로 문제의 핵심은, 선택의 순간에 이것이 중요한 일인지 아닌지를 판단할 수 있는 능력이 있는가 하는 것입니다.

'그때 왜 그런 선택을 했지? 별일도 아니었는데….'

이렇게 생각하며 뒤늦게 후회해 봐야 이미 쏟아진 물은 다시 주워 담을 수 없는 노릇이죠.

물론 우리는 매 순간마다 중요한 것에만 신경 쓰며 살 수는 없습니다. 진짜로 그러다가는 아마 스트레스 때문에 견디지 못하겠지요.

어떤 선택을 해야만 할 때, 위기의 순간이 왔을 때, 잠시 자신의 행동을 멈추고 생각해 보아야 합니다.

'이 일은 나에게 정말 중요하며, 본질적인 것인가?'

이렇게 생각하는 습관을 가지고 있어야, 잘못된 선택으로 인해 일을 그르치거나 실패한 다음에 후회하는 일은 훨씬 적을 것입니다.

오늘은
별로 중요하지 않은 일에
내 소중한 시간을
낭비하고 있는 것은 아닌지,
나에게 진정으로
중요한 것은 무엇인지
곰곰이
생각해 보면 어떨까요?

part Ⅲ

함께하는 오늘

아무것도 주지 않았다

"제발, 나 좀 도와줘."

아는 사람이 갑자기 찾아와서 이렇게 사정하면, 어떻게 해야 좋을지 판단이 어렵고 망설여집니다.

사소한 일일 경우에는 돕는 게 별 문제가 되지 않겠지만, 그렇지 않을 때는 더욱 처신이 힘들어집니다. 그 사람이 경제적으로 크게 곤란한 처지이거나, 목숨을 내던지고 싶을 만큼 절망적 상황에 처해 있다고 한다면 말이죠.

한 번 도와주면 의존하는 버릇이 생겨 또 그럴까 봐 염려스럽고, 거절하거나 모르는 척하자니 인정상 못할 짓인 것 같아 마음이 썩 좋지 않습니다.

가장 좋은 도움의 방법은 스스로 문제를 해결할 수 있는 길을 알려 주거나 새로운 희망을 찾을 수 있게 해 주는 것일 텐데, 그건 생각보다 쉽지 않은 일이죠.

상대방의 처지나 마음을 잘 헤아려, 그가 희망을 가질 수 있도록 도와주는 방법은 무엇일까요?

한 프랑스 신부의 비망록에 나오는 이야기입니다.

2007년 타계한 아베 삐에르Abbé Pierre 신부는 프랑스인들이 존경하는 인물로 손꼽힙니다. 2차 세계대전 때는 사제의 몸으로 레지스탕스 활동을 전개했으며, 엠마우스 공동체를 설립해 평생 빈민 구호 운동에도 앞장섰습니다.

어느 날 삐에르 신부에게 한 프랑스 청년이 고백할 것이 있다며 찾아왔습니다.

그런데 그의 얼굴이 말이 아니었습니다. 한창 혈기 왕성해야 할 청년의 얼굴은 병자처럼 창백했으며, 세상의 모든 절망이 그를 짓누르고 있는 듯 온몸은 일그러져 있었죠.

신부가 고백을 들어주겠다고 하자, 청년은 비장한 어투로 자살을 결심하였다고 말했습니다. 그 이유를 묻는 삐에르 신부에게 청년은, 분노에 가득찬 목소리로 세상과 사람들이 자기를 버렸다면서 당장 죽어 버리겠으니 자기를 위해 기도해 달라고 하였죠.

절망의 늪에 빠진 청년의 사정을 끝까지 다 듣고 나서, 삐에르 신부는 고개를 끄덕이며 말했습니다.

"자네에겐 자살해야 할 충분한 이유가 있군. 그런 상황에서는 도저히 살 수 없겠어. 자네의 결심을 존중하네."

신부의 말을 들은 청년의 눈동자가 휘둥그레졌습니다. 으레 설교조로 자살을 만류할 줄 알았는데, 자살할 수밖에 없을 것이라고 자기의 처지에 공감해 주는 신부가 청년은 얼른 이해되지 않았던 것이죠.

삐에르 신부는 부드러운 표정으로 말을 이었습니다.

"그런데 한 가지 부탁이 있네. 죽기 전에 나를 조금만 도와주고 나서 죽으면 안되겠나?"

"어차피 죽을 건데요, 뭐. 신부님이 필요하다면 제가 도와 드리겠습니다."

잠시 생각한 뒤에 대답하는 청년의 목소리는 처음보다 훨씬 가라앉아 있었습니다. 이젠 죽을 일밖에 안 남았다고 생각한 청년은 신부의 요청을 받아들이기로 한 것이죠.

그날부터 자살 예정자 청년은 신부를 도와 일을 시작했습니다. 그것은 제대로 거처할 곳 없는 가난한 사람들을 위해 다른 봉사자들과 함께 집을 짓는 일이었죠.

땀 흘려 일하는 동안 청년은 자살할 생각을 하지 못했고, 시간이 더 지나자 그의 머릿속에서는 일을 하든 안 하든 자살에 대한 생각이 완전히 사라져 버렸습니다.

하루 일이 끝나면 그는 지쳐서 잠에 곯아떨어졌고, 창백했던 얼굴은 햇볕에 그을려 구릿빛으로 변했습니다.

집 짓는 일이 다 끝난 뒤, 삐에르 신부는 청년에게 이제는 죽으러 가도 된다고 말했습니다.

그런데 청년은 처음 찾아왔을 때와는 백팔십도로 달라진 태도로 신부에게 자기의 고백을 다시 들어 달라고 요청하였습니다.

"신부님이 내게 돈을 주거나, 뭔가 도와주었더라면 난 벌써 자살했을 거예요. 근데 신부님은 아무것도 주지 않았어요. 오히려 나같은 놈에게 도와 달라고 했죠. 집 짓는 일을 하면서 난 살아야 할 이유를 찾았습니다."

자신을 찾아와 자살하겠다고 고백하는 청년을 대하는 신부의 태도에서 우리는 두 가지 중요한 메시지를 찾아낼 수 있습니다.

'나는 너를 이해한다. 너는 남을 도울 수 있다.'

처음 청년이 신부를 찾아와 자살의 결심을 고백한 목적은 죽기 전에 마음의 위로를 얻기 위해서였을 것입니다. 가장 절망적인 상황에서 찾아간 최후의 호소처였겠죠.

그런데 뜻밖에도 청년은 신부로부터 오히려 '도와 달라'는 부탁을 받습니다. 예상 못한 반전이죠.

세상과 인간들을 향한 원망과 절망감 때문에 자살을 결심한 청년에게, 신부는 오히려 세상은 '너의 작은 봉사를 필요로 하고 있음'을 행동을 통해 깨닫게 했습니다.

절망에 빠진 나약한 인간의 고백을 경청하고 공감하며, 그가 살아야 할 이유를 스스로 찾게 해 준 신부의 지혜로운 도움이, 소중한 생명을 살려 내고 그를 희망으로 이끌어 준 것이죠.

아무리 어렵고 절망적인 상황에 처한 사람이라도, 상대방에게 무턱대고 모든 것을 내놓으라는 식의 도움을 청하지는 않습니다.

무엇보다 먼저 자신의 아픔을 하소연하고 위로 받고 싶은 마음에서 누군가를 찾아가는 것이 아닐까요?

그런 사람이 어느 때는 나에게도 찾아올 수 있습니다.

내가 꼭 많은 것을 가지고 있어야만 어려운 이웃을 도울 수 있는 것은 아닙니다. 또는 지위가 높거나, 지식이 많거나, 육체가 건강하다고 해서 반드시 봉사를 잘할 수 있는 것도 아니지요.

도움을 청하는 사람의 사정을 경청하고 이해하며, 그의 아픔에 공감해 주려는 마음으로 대화하고 함께 방법을 찾아 보는 노력을 기울인다면, 그는 스스로 희망의 길을 찾아갈 수 있을 것입니다.

나를 찾아온 힘든 이웃에게는 먼저 따뜻한 마음을 담아 그의 손을 잡아 주어야 하지 않을까요?

오늘은
어제와 다른 마음으로
일해 보면 어떨까요?
어제는
돈을 벌기 위해서였지만,
오늘은
봉사하는
마음으로 말입니다.

스무째 날

겨울의 기사, 봄의 기사

누구나 사물과 현상에 대한 주관적인 판단과 생각을 가지고 있습니다. 서로 다른 환경에 의해 형성된 자신의 생각을 말하며 사람들은 일상생활을 영위해 나가고 있지요.

혼잣말이 아닌 이상 자신의 생각을 말하면 들어주는 대상이 있게 마련인데, 이 사람의 말은 누가 들어도 좋아하는 반면, 저 사람의 말은 그렇지 못한 경우가 있습니다.

무슨 차이 때문일까요?

공무원인 중년의 김 씨는 서울의 북한산 서쪽 능선 아래에 위치한 아파트에서 살고 있습니다.

집에 가려면 시장이 있는 큰길에서부터 약 300미터쯤 좁고 가파른 언덕을 올라가야 하므로 주로 마을버스를 타고 다니는데, 늦은 귀가 시간에는 택시를 이용하곤 하지요.

어느 추운 겨울날, 김 씨는 시내에서 모임이 끝나고 밤늦게 택시를 타고 귀가하는 길이었지요.

50대 초반쯤 되어 보이는 운전기사는 말없이 운전하다가 김 씨의 아파트가 가까워지는 가파르고 좁은 오르막길로 접어들자, 짜증이 났는지 혼잣말처럼 투덜거렸습니다. 양쪽에 주차된 차량들로 인해 그는 곡예 운전을 해야 했죠.

"에이, 이런 길은 또 처음이네."

김 씨는 괜히 미안한 마음이 들었습니다.

"눈 오면 난리 나겠구만. 아파트 값도 안 오르겠네요?"

난데없이 튀어나온 아파트 값 얘기에 황당해진 김 씨는, '네, 뭐…' 하며 중얼거리듯 말꼬리를 흐려 버리고 말았죠.

운전기사에게 딱히 뭐라고 대꾸하기도 그렇고, 틀린 말은 아니지만 기분이 나빠진 채 김 씨는 어두운 창밖으로 눈

길을 돌려 버렸습니다.

아파트 입구에 도착한 뒤, 감사하다는 김 씨의 말에 한마디 대답도 없이 그 기사는 언덕 아래로 택시를 휭 몰고 내려갔습니다.

어느 이른 봄날, 김 씨는 또 밤 늦게 택시를 타고 귀가하고 있었지요. 스마트폰을 들여다보면서도 운전기사가 혹시 그전처럼 짜증이라도 낼까 봐 신경 쓰며 말이죠.

집 가까이 가파른 언덕길을 올라가다가 50대 후반쯤으로 보이는 기사가 대뜸 이렇게 말했습니다.

"야, 선생님은 좋은 데 사시네요."

김 씨는 기사의 뜻밖의 말에,

"아, 예. 좋습니다."

하고 응답했죠.

"산 아래라 공기 좋고, 시내 가깝고…. 저도 이런 아파트에 살고 싶네요."

운전기사의 덕담에 긴장감이 사라지고 문득 기분이 좋아진 김 씨의 목소리가 좀 높아졌습니다.

"네, 공기 하나는 끝내 주죠. 저 아랫동네로 이사하려다 관뒀어요. 너무 답답해서요."

기사는 웃으면서 자기도 그랬을 것이라며 고객에게 맞장구까지 쳐 주었습니다.

아파트 입구에서 기사는, 좋은 밤 되시라며 웃는 표정으로 인사하고는 언덕 아래로 택시를 몰았습니다. 작은 행복감에 젖은 김 씨에게는 멀어져 가는 택시의 붉은 등이 참 따뜻해 보였습니다.

같은 일을 하는 봄날과 겨울날의 두 운전기사는 어떤 차이가 있을까요?

일의 양적인 결과는 당연히 같을 것입니다. 택시가 이동한 시간과 거리에 해당하는 요금을 받았을 테니까요.

하지만 결정적인 차이가 있습니다.

고객을 대하는 방식, 즉, 자기의 생각을 말하는 방식이 상반되었으며, 그로 인한 가치 창출도 달랐습니다.

상대의 처지를 이해하거나 공감하여 말하지 못한 겨울의 기사는 자신과 고객의 기분을 다 나쁘게 만들었습니다.

하지만 상대의 처지에서 좋은 점을 찾아내어 공감하며 말한 봄의 기사는, 자신은 물론 고객의 기분까지 좋게 해 주었습니다. 행복감이라는 무형의 가치를 더 만든 것이죠.

봄의 기사는 새로운 고객의 확보라는 부가가치도 창출한 셈입니다. 만약 김 씨가 필요할 때 직접 택시를 호출한다면, 당연히 봄의 기사를 부를 테니까요.

이처럼 우리의 일상에서 상대에게 자신의 생각을 어떻게 말하느냐 하는 것은 무엇보다도 중요한 일입니다.

같은 일을 하더라도 말하는 방식과 태도의 차이에 따라 그 결과나 가치는 질적으로 완전히 다르게 나타나기 때문이지요.

말하기는 정말 신중하지 않으면 안되겠지요?

한 번 뱉은 말은 도로 주워 삼킬 수 없으며, 한번 상처 입은 마음은 좀처럼 회복되기 어렵습니다.

그러므로 말하기 전에는 늘 상대를 향하는 자신의 마음을 먼저 바라보아야 합니다.

상대의 처지를 이해하며 진심으로 공감해 주는 좋은 말하기는, 일하는 보람을 갖게 하고 삶의 질적 가치를 높여 주는 행복한 일상의 원천입니다.

오늘
내가 만나는 누군가를
먼저 이해하고
그의 처지에 공감해 주는
따뜻한 말 한마디를
전해 준다면,
우리의 일상은
얼마나 아름답고 행복해질까요?

평생 빚 갚는 변호사

세상을 온통 시끄럽게 만드는 불미스러운 사건이 발생할 때마다 사람들은 사회에 만연한 불신 풍조나 이웃에 대한 무관심, 지나친 이기주의를 탓하곤 합니다.

얼마든지 대화로 풀 수 있는 사소한 문제임에도 친구나 가족조차 서로 믿지 못하고, '법대로 하자'는 사람들도 늘어나고 있는 추세지요.

우리 사회가 어느 면에서는 이처럼 삭막하고 비인간적인 측면으로 흘러가고 있는 것이 사실입니다. 이런 현실을 많은 사람들이 안타까워하고 있기도 하고요.

그 반면에, 잘못된 현실을 개선하여 서로 신뢰할 수 있는 사회 분위기와 따뜻한 인간관계를 만들어 나가기 위해 노력하는 사람들도 우리 주위에는 많이 있습니다.

한 다이제스트에 실린 어느 변호사의 사연입니다.

박모 변호사는, 그의 부친이 한국전쟁 중 월남한 후에 한 피난민수용소에서 태어났습니다. 불행하게도 그는 생후 1년도 안되어 소아마비를 앓는 바람에 평생 장애를 가지게 되었지요.

하지만 '세상에서 제일 잘생긴 아이', '부처님 같은 아이'라며 아껴 준 부모 덕에, 그는 어릴 때부터 자신을 불행하다고 느낀 적이 전혀 없었지요.

그래서 그는 성장하는 동안 겪는 장애인에 대한 많은 차별과 편견을 잘 극복해 냈습니다. 법조인이 되려는 꿈을 이루기 위해 법과대학을 졸업했고, 여러 번 도전 끝에 마침내 사법시험에도 당당히 합격하였습니다.

하지만 합격 후에 전혀 뜻밖의 문제가 생겼습니다. 당시

사법부에서 장애인이라는 이유로 그의 판사 임용을 거부했던 것이지요. 이 일로 그는 깊은 절망에 빠졌지만, 예상치 못했던 놀라운 일이 벌어졌습니다.

그의 판사 임용이 거부당하고 있다는 소식이 전해지자, 장애 때문에 판사 임용을 거부하는 것은 옳지 않다는 여론이 들불처럼 번져 나가기 시작한 것이죠.

뜻있는 지식인들과 사회 저명 인사들이 발 벗고 나서서 그를 지지하고 응원하는 대열에 함께 참여했습니다.

그들은 모두 한목소리로 외쳤습니다.

"약자의 권리를 지키는 것이 사법부의 사명인데, 임용 거부는 옳지 않다!"

이와 같은 강력한 시민들의 목소리에 결국은 사법부가 뒤로 물러섰으며, 그는 드디어 판사에 임용되었습니다.

박 변호사는 그 일을 계기로 사람에 대한 신뢰를 가지게 되었으며, 그 신뢰를 평생의 빚으로 생각하였습니다.

그래서 그 빚을 갚기 위해 그는 노인과 장애인 등 사회

약자들의 인권 옹호를 위한 활동을 펼치겠다고 다짐하였고, 평생 그러한 활동에 애쓰고 있습니다.

생각해 보면, 1960년 4.19혁명이나 1987년 6월 민주항쟁, 2016년 촛불 집회처럼 우리나라 역사의 흐름을 바꾼 대사건들도, 처음엔 미미했으나 개개인의 관심과 참여가 모임으로써 거대한 시민의 힘으로 분출하고, 커다란 역사의 강이 되어 도도한 흐름을 이어오고 있음을 알 수 있습니다.

이처럼 물 한 방울처럼 사소해 보여도 한 사람 한 사람의 작은 관심과 지지가 모이다 보면, 눈에는 보이지 않지만 어느 새 신뢰라는 큰 강물이 사회에 흐르게 됩니다.

그 신뢰의 강물은 생명수처럼 우리 사회 곳곳에 흘러 인정이 메마른 땅을 적셔 주고, 낮고 어두운 곳에 사는 이웃들의 가슴에 희망의 싹을 틔워 주지요.

그렇게 되면 평소 사회의 불신을 탓하던 사람들의 입에서도 저절로 이런 말이 나옵니다.

"그래도 살 만한 세상이네!"

그러므로 '왜 믿을 수 없는 세상인가?'라며 사회를 탓하기에 앞서 내가 먼저 사회의 어두운 곳을 살피고, 어려운 사람들에게 작은 관심과 지지를 보여 주어야 하지 않을까요? 그 관심과 지지는 분명 나에게도 신뢰라는 빛나는 선물이 되어 돌아올 테니까요.

요즘 '국민 청원 및 제안'에 대한 국민들의 관심과 참여가 매우 높습니다. 어떤 청원은 법으로 제정됨으로써 국민들에게 도움을 주는 사회 발전으로까지 이어졌지요.

'동의'에 클릭하는 나의 작은 관심과 참여가 사회문제를 해결하고, 억울하거나 어려운 처지의 사람들을 도울 수 있다는 것은 참으로 가슴 뿌듯한 일입니다.

내가 관심을 가질 수 있는 곳이나 지지하고 싶은 사람들이 어디에 있는지 주위를 살펴보고 작은 참여를 보태는 것만으로도. 우리 사회에 신뢰의 작은 씨앗을 뿌리는 보람 있고 가치 있는 일이 될 것입니다.

오늘은
나의 주변에
작은 관심의 물방울을
뿌리는 날이 되면 좋겠습니다.
신뢰의 강물은
내일 나의 앞에
행복의 푸른 물결로
힘차게 흐를 것입니다.

과일 바구니가 부끄러워

'이왕이면 다홍치마'

그렇죠. 사람은 누구에게나 더 예쁜 것, 더 큰 것, 더 비싼 것을 소유하고 싶은 마음이 있지요. 그건 인지상정이어서 무조건 나쁘다고 비난 받을 일은 아닙니다.

하지만 어떤 것을 소유하든 그것이 개인만의 일이라면 괜찮을지 모르지만, 타인의 선택과도 관계있거나 여럿이 공유하는 경우라면 문제가 달라집니다.

한 성직자가 외국에서 생활할 때 체험한 이야기는 우리 주변에서도 종종 겪는 일이기도 해서 개인의 선택과 소유,

타인을 위한 배려 등과 관련하여 다시 한 번 우리의 모습을 돌아보게 합니다.

캐나다에서 일하고 있던 성직자에게 어느 날 한국에서 온 손님들 여러 명이 찾아왔습니다. 그는 고국에서 오랜만에 자신을 찾아와 준 동포들이 무척이나 반가웠죠.

그래서 그들에게 점심 대접을 한 후, 특별히 인근에 있는 한 과수원으로 안내하였습니다. 그곳은 입장할 때 1인당 5달러만 내면, 바구니 하나에 자기가 원하는 만큼의 사과를 담아갈 수 있는 색다른 과수원이었죠.

과수원에 들어간 한국인 방문객들은 무척 즐거웠습니다. 적은 돈으로도 여기저기 다니면서 구경도 하고, 수확해 놓은 사과들 중 크고 예쁜 것들을 마음대로 골라 바구니에 가득 담는 일이 너무나 신났습니다.

그러다가 다른 곳으로 가서 먼저 골랐던 사과보다 더 큰 사과가 보이면 바꿔 담기를 계속했지요.

"이왕이면 다홍치마야!"

하면서 말이죠. 한국인들의 과일 바구니는 모두 예외 없이 크고도 탐스러운 사과들로 가득 채워졌고, 다들 득의만면한 표정들이었습니다.

과수원을 나오는 길에 한 서양 여성이 한국인들의 과일 바구니들을 보더니, 조금 걱정스러운 표정을 지으며 자기 일행에게 말했습니다.

"이 사람들의 바구니엔 전부 크고 좋은 사과들뿐이야. 나중에 오는 사람들은 작은 것들만 가져가게 생겼어."

이렇게 말하는 그 여성의 바구니는 가득 차지도 않았고, 담긴 사과도 조그만 것부터 큰 것까지 다양했습니다.

뒤에 서 있다가 이 서양 여성의 말을 알아들은 성직자는 부끄러운 마음에 얼굴이 화끈거렸습니다. 그래서 혼자 다시 안으로 들어가서 바구니의 절반은 비우고, 큰 사과들은 작은 것들로 바꾸어 가지고 나왔다고 합니다.

그 성직자는 왜 부끄러워했을까요? 돈도 냈고, 선택의 자유가 있었는데도 말입니다.

만약 그곳이 자기 소유의 과수원이었거나, 통째로 전세를 낸 곳이었다면 그리 문제 될 것이 없었겠죠?

하지만 그곳은 모든 방문객들이 5달러라는 같은 조건으로 입장하여 함께 이용하는 공공의 장소였습니다. 다른 사람에 대한 배려는 하지 않은 채, '내가 더 많이, 내가 더 큰 것'을 선택하고 소유해서는 안되는 곳이었지요.

그러나 한국인 손님들은 평소 제 나라에서 하던 대로 경쟁심과 욕심이 발동하여 그릇된 소유욕을 과시했던 것이죠.

내가 크고 좋은 것을 가지고 싶은 만큼 남도 그럴 것이라고 역지사지했다면, 여기는 내 집이 아니고 수많은 관광객들이 함께 즐기는 공공장소라고 생각했다면, 그들의 과일 바구니가 부끄러움으로 가득 차지는 않았을 것입니다.

우리나라 사람들은 좁은 땅에 살아서 그런지는 몰라도 크고 양이 많은 것에 욕심부리는 경향이 강한 편입니다.

평수 큰 집, 대형차, 아파트 대단지 등을 좋아하고, 다리 이름도 '한강대교, 올림픽대교, 서해대교…' 등과 같이 꼭 '큰

대' 자를 넣어야 직성이 풀리지요. 음식점에서도 먹다가 남길지언정 양이 모자라는 것은 참지 못합니다.

그리고 어릴 때부터 치열한 입시 경쟁, 취업 경쟁에 시달리다 보니 이타심보다는 이기적인 말과 행동이 앞서고, 또한 타인을 배려하려는 마음이 부족하여 남에게 양보하면 자신이 손해 본다고 생각하는 사람들도 많습니다.

그러나 남을 먼저 생각하고 배려해 본 경험이 있는 사람이라면 알고 있지요. 그것이 다른 사람은 물론, 자신을 얼마나 기쁘고 행복하게 만들어 주는 일인지를 말입니다.

누군가를 위한 나의 배려는 그 누군가에게 행복한 내 마음을 전해 주고, 행복해진 그 사람은 또 다른 누군가를 배려해 주는 상생의 도미노가 만들어집니다.

다 함께 서로를 배려하며 행복해지고 상생하는 사회, 곧 우리가 가꾸어 나갈 아름다운 공동체의 모습입니다

오늘은
나의 선택과 소유,
욕망에 대해
한번 뒤돌아보고,
나의 뒤에 올 사람이나
나보다 더 어려운 처지에 있는
이웃을 생각해 보면
어떨까요?

칭찬의 불쏘시개

타인에게 인정받고 싶어하는 것은 인간의 자연스러운 욕구입니다. 아무리 사소한 것이라도 자신에 대해 칭찬하는 말을 들으면, 사람들은 그것의 사실 여부는 제쳐 두고라도 일단은 기분이 좋아지지요.

비록 속이 훤히 들여다보이는 거짓말인 줄 알면서도, 칭찬의 소리라면 희한하게도 기분이 나쁘지 않습니다.

하지만 너무 과장되거나 과도한 말의 성찬, 사실에 근거하지 않은 사탕발림 등은 처음엔 듣고 기분이 좋다가도 시간이 지나고 나면, 이런 생각이 듭니다.

'그 사람이 날 놀리려고 한 말인가?'

그러면 왠지 기분이 찝찝해지고, 마음 한 쪽에는 영 개운치 않은 뒷맛이 남습니다. 칭찬에도 정도와 예의가 있어야 하는 이유인 것이죠.

한창 자라는 아이들에게 칭찬은 그야말로 으뜸 가는 보약입니다. 자신감을 길러 주고 학습 동기도 유발함으로써 정신 성장과 함께 사회성 발달에 큰 도움을 주지요.

그러나 이 역시 넘치게 사용하면 역효과를 불러옵니다.

자기 아이가 무슨 일을 하기만 하면 가리지 않고 호들갑스레 칭찬해 주는 부모들이 있는데, 이런 폭풍 칭찬은 약이 아니라 독이 될 수도 있죠.

뭘 하든 칭찬 받은 아이는 자기 평가 능력이 저하되어, 자신의 행동에 대한 이유나 동기를 생각하기보다는 부모의 칭찬과 평가에만 의지하려는 안 좋은 버릇이 생깁니다. 나중엔 꾀와 눈치가 늘어나며, 심하면 거짓말도 하게 되죠.

그러면 무엇으로, 어떻게 칭찬하는 것이 효과적일까요?

딘 크롬웰Dean Cromwell은 미국 로스앤젤레스에 있는 서던캘리포니아대학교USC의 육상 코치로서, 많은 대회에서 우승을 차지하여 이름을 떨친 스포츠 지도자입니다.

한번은 그가 이끄는 팀이 태평양 연안 육상대회에 출전하여 장애물릴레이 결승까지 진출했습니다. 그런데도 선수들은 사기가 저하되고 의기소침해 있었는데, 그것은 네 명 모두 개인 종목에서 입상을 못했기 때문이었죠.

크롬웰 코치는 팀워크가 무너질 것 같은 위기감을 느꼈습니다. 비책이 필요했죠. 결승전 시간이 다가오자, 그는 선수들을 모아 놓고 각 주자에게 힘주어 외쳤습니다.

"1주자! 넌 장애물 뛰어넘는 게 최고지? 장애물 코스는 네가 당연히 앞장설 거야."

"2주자! 넌 단거리에 재능 있으니 1마일만 앞서 가."

"3주자! 넌 지구력이 최고야. 속도만 유지하고 달려."

"마지막 주자! 트랙만큼은 너를 따를 자 없지? 네 실력을 유감없이 보여 줘!"

크롬웰 코치의 말의 힘, 즉 칭찬의 에너지는 경이로웠습니다. 자신감을 얻은 선수들은 자기 코너에서 최고의 실력을 발휘하였고, 그 결과로 팀은 우승컵을 안았습니다.

개인전의 부진에도 불구하고, 팀을 우승으로 이끈 코치의 비밀 병기는 무엇이었을까요?

그건 바로 칭찬의 '불쏘시개'였습니다.

장애물, 단거리, 지구력, 트랙. 이것은 네 주자들의 장점이었죠. 딘 크롬웰은 장점이라는 불쏘시개로 각 선수들의 의욕에 불을 당기는 효과적인 칭찬을 가장 필요한 시점에 해 줌으로써, 팀의 우승이라는 찬란한 횃불을 피워 올릴 수 있었습니다.

이처럼 효과적인 칭찬은 개인이나 조직의 성장과 목표 달성을 위해서 없어서는 안되는 요소입니다. 또한 남을 칭찬하는 능력을 갖추는 일은 행복한 인간관계와 성공적인 사회생활을 위해서 꼭 필요한 것이죠.

가정, 학교, 직장 등 생활 공간이나 조직의 성격, 대상이 누구냐에 따라 칭찬의 방법도 달라집니다. 그리고 효과적인 칭찬을 하기 위해서는 무엇보다도 먼저 칭찬의 불쏘시개를 준비해야 합니다.

상대에 대한 세심한 관심으로 그를 유심히 지켜보고 자주 대화도 나누면서, 신체 상태나 취미, 꿈 등에 대해 잘 알아 두는 게 좋습니다. 이러한 과정을 통하여 상대에게 딱 맞는 칭찬의 불쏘시개를 찾아내는 것이죠.

좋은 칭찬은 개별적으로, 구체적으로, 제때에 이루어져야 합니다. '훌륭해', '자랑스러워', '해낼 수 있어' 등과 같은 막연하고 추상적이며 의례적인 말로 채우는 칭찬은 불쏘시개가 될 수 없습니다. 그것은 잠시 듣기 좋은 소리일 뿐이죠.

그리고 한 가지 잊지 말아야 할 것은 칭찬은 남에게만 해 주는 것이 아니라는 점입니다.

먼저 자기 자신을 많이 칭찬해야 합니다.

자신의 장점을 알고 자신을 칭찬해 주는 사람이라야, 남의 장점도 알아보고 칭찬해 줄 수 있기 때문이지요.

오늘은
내 주위의 누군가를 위한
칭찬의 불쏘시개를
유심히 찾아보는 것이 어떨까요?
그리고 그 불쏘시개는
알맞은 때
그를 칭찬하기 위해서
잘 기억해 두어야 하겠죠?

CEO의 착한 변신

평등한 사회는 어떤 모습일까요?

전체의 소득을 저울로 달아 모든 사람이 똑같은 양으로 나누어 가지는 사회는 아닐 것입니다.

그것은 공동체 구성원 누구나 다른 사람에 비해 부당하게 차별 받지 않고 있다는, 즉 소득의 심리적 균형이 유지되도록 분배의 정의가 실현된 사회가 아닐까요?

그렇게 되려면 사회 전체 부_富의 분배 시스템이 정의롭게 작동해야 하는데, 최근의 각종 데이터들은 갈수록 소득의 양극화와 부의 편중이 심해지고 있음을 보여주고 있지요.

2015년 스위스 은행인 크레디트스위스의 발표에 의하면, 재산 규모 기준으로 세계 상위 1%가 전 세계 가계 재산(부채 제외)의 50.4%를 점유하고 있다고 합니다.

이러한 심각한 불평등 속에서도, 어려운 상황을 개선해 나가기 위한 착한 부자들의 자선 활동이 지속적으로 전개되고 있는 것이 그나마 다행입니다.

그런 단체 중에는 빌 게이츠William Henry Gate's Ⅲ와 그의 부인 멜린다 게이츠Melinda Gate가 2000년에 설립한 '빌&멜린다 게이츠 재단'이 있습니다.

빌 게이츠가 처음부터 자선 활동에 관심을 가진 것은 아니었습니다. MS 설립 후 넷스케이프와 웹 브라우저 시장 쟁탈전을 벌일 때만 해도, 그의 관심은 오직 회사뿐이었지요. 아버지인 윌리엄 게이츠 1세의 자선 활동 권유에도 빌 게이츠의 반응은 시큰둥했으니까요. 그는 오직 돈 버는 일에만 몰두한 자본가였습니다.

2000년 초 MS 최고 경영자 자리에서 물러나면서부터 빌 게이츠는 조금씩 변화된 모습을 보여주기 시작했지요.

그리고 그의 착한 변신에는 자신의 의지보다 아내 멜린다 게이츠의 역할이 더 큰 영향을 발휘했습니다.

멜린다 게이츠가 남편의 재력과 명성에 기대어 안주하는 삶을 벗어나, 재산을 좀 더 가치 있는 곳에 사용하는 방안에 대해 고민하기 시작한 것은, 1993년 아프리카 여행에서 얻은 깨달음이 계기가 되었습니다.

그녀는 여행 중에, 흙먼지 날리는 거친 길을 맨발로 걸어 채소를 팔러 가는 아프리카 여성의 모습을 보고 충격을 받게 됩니다.

그리고 그곳 사람들의 비참한 생활을 목격한 뒤, 점차 빈민 구호와 같은 사회 참여 활동에 힘을 쏟기 시작했지요.

2000년에 빌 게이츠 부부가 1억 달러를 기부하여 설립한 자선 재단 '빌&멜린다 게이츠 재단'의 탄생이 그 첫 결실이었습니다.

그 후에 이 재단은 개발도상국의 질병 퇴치와 교육개혁을 지원하는 큰 단체로 발전하였고, 그 과정에서 멜린다는 절대적인 역할을 해냈지요.

2005년 한 연설에서 빌 게이츠는, '지금 내가 자선 사업을 하게 된 것은 멜린다의 영향 때문'이라고 공개적으로 밝혔으며, 자신이 죽기 전까지 재산의 99%를 기부하겠다고 약속하였습니다.

최고의 부자가 펼치는 최상의 나눔, 이것이 바로 인류를 희망으로 이끄는 마중물이 아닐까요?

만약 지금 당장 전 세계 재산의 절반을 소유하고 있는 상위 1%의 부자들이 빌 게이츠와 같은 자선의 마음을 먹고 행동에 옮긴다면, 지구촌의 불평등과 가난과 질병 문제는 많은 부분이 해결될 수 있을 것입니다.

그러나 많이 가졌다고 해서 가치 있는 나눔을 할 수 있는 것은 아니며, 많이 나누어 주었다고 해서 반드시 가치 있는 나눔이 되는 것도 아닙니다.

만일 나누어 주는 사람이 일종의 의무감이나 과시욕을 가지고 행동하거나, 받는 사람의 입장에서 동정 받는 수혜자라는 생각이 들게 된다면, 그런 나눔은 아무런 의미가 없는 것이지요. 하지 않은 것만 못한 결과를 가져올 수 있기 때문입니다. 오히려 불평등 의식만 심화시킬 수 있지요.

돈은 벌고 모으는 것도 중요하지만 어떻게 쓰느냐가 더 중요하다는 것은 누구나 알고 있습니다.

문제는 실천입니다. 멜린다 게이츠와 같이 어렵고 냉혹한 현실을 직접 눈으로 보고, 마음으로 깨달으며, 발로 뛰면서 행동하는 실천 말이죠.

나눔과 참여는 내가 소유한 것의 크기와 양에 상관없이 실천할 수 있습니다. 마음만 먹으면 가까운 데서부터 오늘 당장 행동에 옮길 수 있는 가치 있는 삶입니다. 나눔을 실천하면, 평등 사회로 가는 희망의 길이 열립니다. 행복한 오늘이 시작됩니다.

내가 가진 것을
누군가에게 나누어 주는 활동에
스스로 나서서
참여한다면,
오늘은 어제보다
조금 더 행복한 날이
되지 않을까요?

원숭이의 시위

국민소득은 높아지는데 계층 간 소득 격차가 벌어지게 되면, 저소득층의 상대적인 박탈감은 더 심해집니다.

자신에게 돌아와야 할 소득이 다른 사람에게 가는 것은 아닌가 하는 불신감이 깊어지고, 불평등 사회에 대한 불만도 팽배하게 되지요.

이와 같이 경제적 불평등에 대한 인식이 널리 퍼지고 공감을 얻게 되면, 노동자들은 연대하여 임금 인상을 위한 쟁의 행위를 시작합니다. 만약 사용자와 원만한 타협이 이루어지지 않을 경우, 장기간 파업 투쟁으로까지 이어짐으로써 막대한 경제적·사회적 손실을 초래합니다.

또한 차별과 불평등 의식이 심화될 경우, 집단행동을 하지 못하는 개인들은 스트레스가 심해지고 그 분노감은 일상생활에서 폭력이나 우울증 등을 일으키기도 하지요.

그런데 이러한 경제적 불평등에 대한 분노감은 인간만이 아니라 다른 동물들에게도 나타난다고 하는군요.

미국 에머리대학 연구진은 2012년 초에 미국 과학진흥협회AAAS 회의에서, 경제적 불평등은 동물들 사이에서도 긴장과 스트레스를 일으키며 동물 사회의 건강성을 해친다는 흥미로운 연구 결과를 발표했습니다.

이 연구진은 원숭이와 침팬지를 대상으로 한 연구를 통해 불평등이 일으키는 갈등을 확인해 보고자 했죠.

연구진은 이 실험에서 A원숭이에게는 계속 맛있는 포도를 주고 B원숭이에게는 계속 오이를 주면서, 그들에게 어떤 반응이 일어나는지 관찰했습니다.

그 결과, B원숭이는 혼자 있을 때는 오이를 잘 받아 먹다가, A원숭이가 포도를 먹는 것을 보자 오이를 내던지고 화를 내며 벽을 두드리는 행동을 보였습니다.

프란스 드 발 교수 Frans de Waal 는 이것을 '원숭이판 월가 시위'라고 불렀습니다. 2011년 미국의 월가 Wall Street 에서 시작된, 경제적 불평등에 반대하는 대규모 시위와 본질적으로 같은 움직임이 동물한테서도 일어났다는 뜻이었지요.

그리고 드 발 교수는 결론 지어 말했습니다.

"평등 의식은 인간의 전유물이 아니다."

또한 그는 다른 연구에서 침팬지의 이기적·이타적 행동을 관찰했습니다.

그 결과, 침팬지는 다른 침팬지의 관심을 끌고 있을 때는 먹이를 나누는 경향을 보였지만, 상대가 먹이를 달라고 강요할 때는 나누기 싫어하는 것을 확인할 수 있었답니다.

프란스 드 발 교수는 이상의 연구 결과를 바탕으로 이렇게 주장했습니다.

"사회 내 불평등의 역할이 매우 과소평가되고 있다. 원칙적으로 불평등은 건강에 해롭다."

이렇게 보면, 평등을 추구하고 불평등을 거부하는 것은 인간의 전유물이 아니라, 모든 동물의 본능적 행위라고 보여집니다. 즉, 불평등 상황이 도래할 때 자신의 생존을 지키려는 생명체에게서 발생하는 필연적 행동인 것이죠.

따라서 사회의 불평등을 개선하라고 주장하는 개인적·집단적인 요구와 외침을 일부 기득권 층에서 '집단 이기주의'라고 폄하하는 것은 지양해야 하지 않을까요?

그런 폄하와 외면 대신 해야 할 일은, 불평들이 발생하는 근본 원인을 찾아내어 그것을 개선하려는 합리적인 논의와 실천에 모두 함께 참여하는 것입니다.

특히 권력 계층, 그리고 상대적으로 더 많은 재화를 소유하고 있는 부유 계층의 참여와 실천이 절실히 필요합니다.

권력층은 제도 개선을 위한 노력을, 부유층은 나눔을 위한 노력을 함께 전개해 나갈 때, 우리 사회가 지향하는 균형 잡힌 평등으로 나아가는 희망의 길이 뚜렷해집니다.

다양한 사회 조직 안에는, 각 조직의 특성으로 말미암아 구조적으로 내재되어 오랫동안 방치되어 온 견고한 불평등의 관행들이 있을 수 있지요.

큰 갈등이 발생하기 전에 공동체 구성원 모두가 함께 불평등의 원인을 찾아내어 적극적으로 개선해 나간다면, 우리 사회의 평등 지수는 훨씬 높아지고 개인의 삶도 더 건강하고 행복해질 것입니다.

성장만 있고 정의로운 나눔이 없으면 불평등이 생기고, 그 불평등은 사회 불신의 요인이 되어 새로운 성장의 걸림돌로 작용하기 쉽습니다.

그러므로 평등 사회 실현을 위해 반드시 추구해야 할 목표는 성장과 나눔의 선순환이 되어야 하겠지요?

바로 오늘,
내가
나누면
우리는
평등해집니다.

손잡고 달리는 아이들

'님비NIMBY'란 용어가 사회문제의 대명사처럼 한동안 많이 쓰이더니, 요즘은 잘 언급되지 않는 것 같습니다. 그런 일이 줄어들고 우리 사회가 더 성숙해져서 그럴까요?

그대신 요새는 '혐오'라는 두 글자가 이곳저곳에서 칼끝처럼 위험하게 돌아다니는 것을 볼 수 있습니다.

'여혐', '남혐' 등과 같이 혐오가 끼어 있는 말들 속에는 단순한 불편함이나 갈등을 넘어 '함께할 수 없다'는 투의 적대적 감정까지 들어 있어서, 자칫 사회 공동체의 균열이 일어나지 않을까 우려스러워집니다.

종종 언론에서는 특수학교, 임대주택, 추모 시설 등과 관련하여 나타나는 이해 당사자들 간의 심각한 갈등 상황을 조명하곤 합니다. 어떤 지역의 특수학교 설립으로 인한 갈등 때문에 장애 학생 학부모들이 무릎을 꿇는 장면은 많은 사람들의 공분을 일으키기도 했습니다.

'공존의 불가'라는 우리 사회의 혐오 세태가 어디까지 와 있는지를 극명하게 보여주는 예라고 할 수 있지요.

이와 같은 현상은 참으로 바람직하지 못한, 우리 사회의 일그러진 자화상이 아닐 수 없습니다. 스마트 혁명 시대라고 하는 화려한 문명의 빛 뒤에 감추어진 이기적인 욕망의 그림자입니다.

아프리카 부족을 연구하던 한 인류학자가 어느 부족의 아이들을 모아 놓고 달리기 시합을 시켰습니다.

먹음직스러운 과일이 가득 담긴 바구니 하나를 멀찌감치 놓은 뒤, 제일 먼저 그 앞에 도착한 1등 아이에게 과일을 모두 주겠다고 했습니다. 일종의 실험이었지요.

그 학자가 아이들 앞에 서서 스타트를 외쳤는데, 뜻밖의 일이 벌어졌습니다. 아이들은 미리 약속이라도 한 듯, 모두 서로의 손을 잡더니 함께 달리기 시작했습니다.

그리고는 바구니가 있는 곳에 도착하자, 아이들은 즐거운 표정으로 깔깔대며 다 같이 과일을 나눠 먹는 것이었죠.

자신의 가설이 빗나간, 전혀 예상치 못한 사태에 그 인류학자는 의아해하며 아이들에게 물었습니다.

"1등 한 사람에게 과일을 다 주려고 했는데, 왜 손잡고 같이 달렸지?"

그러자 아이들은 합창하듯 입을 모아 밝은 목소리로 크게 외쳤습니다.

"우분투UBUNTU!"

"다른 애들이 슬픈데, 나만 기분 좋을 수 있겠어요?"

경쟁과 독식을 당연한 가치로 여기는 사람들은 이 이야기에서 어떤 생각을 할까요? 등수와 등급을 목숨처럼 여기는 한국의 학생들이 달렸다면 어떻게 했을까요?

무한경쟁 사회에서 아이들에게 우리의 교육이 지금 무엇을 가르치고 있는지 들여다보면, 그 답은 분명해집니다.

'우분투'는 서·남 아프리카에서 널리 사용되는 반투어로서 이런 뜻이라고 합니다.

'우리가 함께 있기에 내가 있다.'

공동체의 가치를 표현하는 데 이보다 좋은 말이 있을까요?

어떤 사람들은 공동체 의식에 대해 부정적인 태도를 보이기도 합니다. 혼자 사는 시대라고 하면서 말이죠.

최근 '혼밥', '혼술' 등 '혼' 자가 들어간 말이 유행하는 것은, 혼자 사는 게 편하고 좋다는 사람들이 늘어나고 있다는 반증입니다. 우리 사회가 개인 중심의 구조로 바뀌고 있음을 보여주고 있는 현상이지요.

그런데 한걸음 더 들어가 생각해 보면, 사람들은 사실 혼자 살고 있는 것이 아님을 알 수 있습니다. 결코 혼자 살 수도 없지요. 한순간도 스마트폰 없이는 살 수 없는 SNS 세대를 극도의 개인주의 세대라고 비판하는 사람들도 있으나, 이는 관점을 다르게 해서 내린 판단일 뿐이죠.

오히려 SNS는 온라인 속에서 서로의 관계를 맺을 수 있는 서비스, 관심사 등 각종 활동을 '공유'하도록 구축된 강력한 사회 관계망입니다.

'혼밥', '혼술'을 하며 집에서 혼자 스마트폰만 보고 있는 것 같아도, 사실은 많은 이웃들과 정보를 공유하고, 함께 생각하며, 기쁨과 아픔을 같이 나누고 있는 것이죠.

'님비'와 '혐오'는, 그것을 조장하는 일부 그릇된 욕망을 가진 사람들의 편협한 생각이며 행동일 뿐입니다.

공존을 위해서는 나부터 달라져야 합니다. '내가 싫어하는 건 남도 싫어한다.'는 역지사지의 마음만 있으면 되지요. 큰 불편도 조금씩 나누면 작아지고, 혼자 고민하지 말고 함께 이해하면 이기주의와 미움은 사라집니다. 그 자리엔 행복한 내가 있고, 함께 사는 우리가 있습니다.

오늘은
함께 달리는
아프리카 초원의 아이들처럼
곁에 있는 이들과 손잡고
아름다운 공존의 세 글자를
외쳐 볼까요?
'우. 분. 투!'

나의 소리도, 너의 소리도

은은하게 울려 퍼지는 교회당의 새벽 종소리.

골목길에서 아이들이 숨바꼭질하며 뛰어노는 소리.

성탄 전야에 창밖에서 소년 소녀들이 불러 주는, 고요한 크리스마스 캐롤….

예전에는 이처럼 우리가 사는 마을을 조화로운 모습으로 장식해 주는 아름다운 소리들이 많았습니다.

그런데 사회가 도시화되고 획일화되면서부터, 이런 소리들은 이젠 좀처럼 들을 수 없습니다. 그것들을 간직한 사람들의 추억 속에 그리운 메아리로만 남아 있지요.

현대인들은 이런 소리들을 '소음'이라며 견디지 못합니다. 사회가 복잡해지고 개인주의가 만연하면서 개인이나 집단 간의 이해 충돌이 잦아지다 보니, 나와 관계없는 일로 인한 불편함은 감수하려 들지 않는 것이지요.

그래서 갈등의 예방과 사생활 보호라는 명목 하에 우리 주변의 다양한 소리들은 거의 사라지고 말았지요.

이런 모습의 사회로 변화한 것이 문명의 발전인지 아닌지 는 관점에 따라 다를 수 있습니다. 그러나 자신의 귀에 거슬리는 소리에 어떤 생각으로 어떻게 반응할 것인지는 온전히 개인의 판단과 선택에 달려 있는 문제입니다.

이스라엘로 성지 순례를 갔던 한 가톨릭 신부는, 원치 않는 소리를 대하는 태도에 관한 경험담을 들려줍니다.

성지 순례 3일째 되던 날, 신부는 저녁 식사 후 숙소에서 나와 혼자 산책하며 기도하던 중이었습니다.

얼마 동안 조용한 가운데 기도하고 있었는데, 근처의 이

슬람 사원으로부터 큰 소음이 들려오기 시작했습니다. 그것은 사원의 대형 스피커에서 흘러나오는 회교도들의 기도 소리였습니다.

잔잔했던 신부의 마음이 갑자기 혼란스러워졌습니다. 회교도들의 기도와 자신의 기도가 서로 부딪치는 가운데, 그의 마음은 갈피를 잡을 수 없게 된 것이지요.

그때 신부는 자신의 기도를 멈춘 다음, 마음을 가라앉히려고 노력하며 스스로에게 질문을 던졌습니다.

'저들의 기도와 나의 기도에는 무슨 차이가 있는가?'

한동안 묵상에 잠기고 있던 그의 마음에 한 가지 분명한 생각이 떠올랐습니다.

'본질은 누구의 기도, 누구의 종교가 더 타당한가의 문제가 아니라 살아가면서 매 순간을 얼마나 창조주와 함께하고자 하는가이다.'

자신만의 논리 속에서 타당성과 합리성만을 주장하는 종교가 아니라, 관계 회복을 통한 공존과 상생과 사랑의 추구가 종교의 본질임을 신부는 새삼스럽게 깨달은 것입니다.

그러자 신부의 마음엔 다시 평화가 찾아왔으며, 사원의 스피커에서 들려오는 회교도의 기도 소리도 자신의 기도에 아무런 방해가 되지 않았지요.

세속적인 욕망과 유혹을 밀어내고, 오직 창조주를 향한 간절하고 진실한 마음의 기도를 올릴 수 있었다고 합니다.

그에게 종교의 차이는 더 이상 아무런 문제가 되지 않았지요. 다만 목적지로 가는 길이 서로 다를 뿐이었습니다.

사람들은 흔히 자신의 생각과 맞지 않거나 마음에 들지 않는 것을 보거나 들을 때, 눈에 거슬리고 귀에 거슬린다고들 불평합니다. 사실 눈과 귀는 형상과 소리가 지나가는 통로일 뿐인데 말이죠.

문제는, 나와 다른 것들을 보려고도 들으려고도 하지 않고 빗장을 걸어 놓은 자신의 완강한 마음의 문입니다.

서로의 차이를 인정하거나 받아들이지 못하고 계속 거부하고 있기 때문에 마음은 더욱 완고해지고, 나중에는 그것이 심화되어 상대방의 실존적 존재조차도 거부하려는 이상 증세에 빠져들게 되는 것이죠.

급기야 이런 신념에까지 도달합니다.
'저들과는 같은 하늘 아래에서 살 수 없어.'
'저들의 존재를 없애 버려야겠어.'

이러한 극단적 생각들이 실제 행동으로 표출되어 부딪치게 되면, 결국 폭력 사태로까지 번져 서로 간에 치유되기 어려운 깊은 상처를 입고 입히는 것이지요.

'다름'은 조화롭고 아름다운 '하나'를 이루는 기본입니다.
장조의 노래에서 '도, 미, 솔'의 다른 소리들이 한데 모이면 아름다운 으뜸 화음을 이룹니다. 스포츠는 양 팀의 공격과 수비가 부딪침으로써 드라마틱한 한 편의 승부가 연출됩니다. 민주주의의 정치는 여당과 야당의 대화와 타협이라는 조화 속에서 하나의 입법을 완성합니다.

그래서 우리가 사는 사회는 숲과 닮았다고 하지요.

온갖 새들이 서로 다른 음색의 노랫소리로 어우러지며, 수많은 풀과 꽃들이 서로 다른 색깔과 향기로 조화를 이루며 함께 살아가는 숲처럼, 우리 사회도 모든 사람들이 저마다의 빛깔과 소리를 서로 존중해 주며 조화롭게 공존, 상생해야 할 생명의 공동체입니다.

오늘은

길을 가다가
자신의 귀에 거슬리는 듯한
소리가 들려오면
이렇게 생각해 보면 어떨까요?
'아, 나와는 다른
너만의 소리도 있구나.'

돌멩이와 염불

'상대적 빈곤'이란 무슨 뜻일까요?

이 말의 상대어인 '절대적 빈곤'은, 의식주와 같은 인간의 기본적인 욕구도 해결하지 못하는 빈곤 상태를 가리킵니다.

그러니까 상대적 빈곤이란, 의식주의 문제가 아니라 주로 생활 문화 면에서 타인이나 타 계층과 비교하여 느끼는 심리적인 빈곤 상태를 의미하는 것이죠.

따라서 이 말은 주관적으로 쓰일 때가 대부분입니다. 같은 환경이라도 그것을 대하는 사람의 인식에 따라 차이가 발생할 테니까요. 동일한 소득을 올리면서, 소형 승용차를 가진 사람이 중형 승용차를 가진 사람과 비교해 상대적 빈곤감을 느낄 수도, 그렇지 않을 수도 있죠.

모든 인간이 똑같은 수준의 문화생활을 누릴 수는 없기에, 서로의 다름이란 지극히 자연스러운 일일 것입니다.

그런데도 사람들은 서로의 문화적 차이를 상대적 박탈감으로 받아들일 때가 의외로 많다고 합니다. 겉으로는 자존심 때문에 안 드러내도, 속으로는 자신이 남보다 더 빈곤하게 살고 있다며 스트레스를 받는다는 것이죠.

더 심각한 문제는 상대적으로 빈곤감을 느끼는 그 자체가 아니라, 그로 인하여 파생되는 마음의 빈곤과 공동체 의식의 부재라는 점입니다.

그런 상대적 박탈감에 몰입하다 보면, 나와 다른 문화 계층에 대하여 까닭 없는 미움이 생기게 되어, 서로의 생각을 나누거나 공존할 수 없는 지경에 이를 수 있기 때문이죠.

한 수도승이 수행을 하기 위해 세상의 이곳저곳을 떠돌

아다니고 있었습니다.

그러다가 수도승은 한 낯선 마을에 들어섰는데, 그 마을은 수도승과는 이질적인 종교를 가진 사람들이 모여 사는 곳이었습니다. 그런데 마을 사람들의 타 종교에 대한 극단적인 배타성은 극심했습니다.

그 때문에 다른 종교를 가진 사람들은 일부러 이 마을을 피해 먼 길로 돌아다니곤 했지요.

수도승은 그런 사실을 아는지 모르는지 마을 한복판으로 묵묵히 들어섰습니다.

아니나 다를까, 수도승을 목격한 마을 사람들은 모두 몰려와 못 볼 것이라도 본 듯 심한 욕설을 퍼부었으며, 게다가 돌멩이까지 집어던졌습니다. 자칫 수도승의 목숨이 위태로운 상황까지 벌어질 수도 있었지요.

그러나 그 와중에서도 수도승은 평온한 표정으로 그들을 향하여 목례를 하며, 염불을 계속하였습니다. 그의 얼굴에는 어떤 두려움이나 분노도 보이지 않았습니다.

그런 수도승의 태도 때문이었는지 사람들의 욕설은 차츰 잦아들었고, 돌멩이도 더 이상 날아오지 않게 되었지요.

수도승이 마을을 벗어났을 때, 그 광경을 쭉 지켜보고 있던 한 나그네가 그에게 다가와 물었습니다.

"스님, 저렇게 욕하고 돌 던지는 나쁜 사람들에게 화를 내기는커녕 왜 염불을 해 주시는 겁니까?"

의아해하는 나그네에게 수도승은 담담히 대답했습니다.

"내가 가지고 있지 않은 것을 남에게 줄 수는 없지 않소? 나에게는 분노가 없고, 마침 내게 조금 있는 자비를 나눠 준 것뿐이오."

수도승에 비해 많은 것을 가지고 있었을 마을 사람들이 그에게 준 것은 욕설과 돌멩이밖에 없었지요.

그들은 수도승보다 힘이 센 집단이었고 물질적으로도 부유했으나, 종교의 차이를 우월적인 차별 의식으로 인식하여 적대적 폭력을 행사했습니다.

역설적으로 자신들의 영혼이 얼마나 빈곤한 것인지를 드

러낸 셈이죠. 물 한 잔, 쌀 한 줌 나누지 못한 마을 사람들이
야말로 '상대적 빈곤'에 처해 있는 것이 아닐까요?

수도승의 말이 깊은 울림을 줍니다.
'없는 것은 줄 수 없으나, 조금 가진 것은 나눌 수 있다.'

우리는 다양한 이념과 문화들이 공존하고 있는 세상에서
살고 있습니다. 의식주 생활도, 문화생활도 각양각색입니다.
자기 좋을 대로 내 편과 네 편을 갈라 차별하고 미워하
는 흑백 세상이 아니라, 누구나 동등한 자격의 색깔로 존중
받는 무지개빛 세상인 것이죠.

다양성의 시대에 모두가 평화롭게 공존하는 길. 스스로
상대적 빈곤에 빠지지 않는 길은. 차별과 분노와 배타의 울
타리를 치는 것이 아니라. 자신이 가진 조그만 것이라도 나
누어 주기 위해 닫혀 있던 마음의 빗장을 여는 일입니다.

평화는 나눔에서 시작되고, 나눔은 공존을 지켜 줍니다.

오늘
나의 발걸음이 닿는
어느 곳에서나, 누구에게서나
나와 다른 그들의 문화를
받아들여 준다면,
평화로운 공존을 위한
우리의 아름다운 나눔이
시작될 것입니다.

검은 발, 하얀 손

현대사회의 특징 중 하나는 다양성입니다.

그에 걸맞게 지구촌 시대에서 인종과 문화의 교류는 과거 어느 시대보다도 빠르고 활발하게 이루어지고 있지요.

각양각색의 의식주 문화를 비롯한 언어, 예술, 사상 등의 정신문화가 민족 고유의 특성을 유지하면서 전파되고, 한데 어우러지며, 새로운 모습으로 재창조되고 있습니다.

그러나 여전히 사람들에게는 엄연한 차별 의식이 존재하고 있습니다. 특히 인종 간 차이를 인간의 차별로 왜곡 인식함으로써 여러 나라에서 종종 심각한 인권 침해가 벌어지고, 심지어는 살상 행위까지 발생하고 있는 현실은 우리의 가슴을 매우 아프게 합니다.

　남아프리카공화국은 예전에 흑인에 대한 인종 차별과 증오가 무척 심했던 나라였습니다.
　그 시절에 있었던 한 백인 판사의 이야기는 인간에 대한 차별과 증오, 화해에 대한 의미 있는 메시지를 지금도 전해 주고 있지요.

　남아프리카공화국의 최대 도시 요하네스버그에서도 흑인에 대한 차별은 극심했습니다. 이 도시에는 흑인들만 다니는 '성시온'이라는 교회가 있었습니다. 백인들만의 교회는 물론 따로 있었지요.

　어느 해 사순절이었습니다.
　다른 교회와 마찬가지로 이 교회에서도 사랑을 실천하는 '발 씻김 예식'이 예정되어 있었죠.
　그런데 발 씻김 예식에 참여할 3명의 신자 중 2명의 발을 씻겨 줄 사람은 미리 정해져서 사람들이 알고 있었으나, 마르타 할머니의 상대가 누구인지는 전혀 알려지지 않았습니다. 마르타 본인도 모르긴 마찬가지였죠.

발 씻김 예식이 있던 날, 2명에 대한 발 씻김이 끝나고 마르타의 순서가 되었습니다.

모두들 누가 마르타의 발을 씻겨 줄 것인지 궁금해하고 있었는데, 사람 눈에 안 띄게 구석에 앉아 있던 한 백인 중년 남자가 불쑥 나타났습니다.

그런데 그 백인을 본 순간, 교회 안의 모든 교인들은 물론이고 마르타도 너무나 놀라고 말았습니다. 그는 올리버 판사였고, 마르타는 평생 그의 집에서 일하고 있는 하녀였던 것이죠.

백인 판사 올리버는 온통 흑인들만이 모여 있는 교회에서, 흑인 하녀 앞에 앉아 정성을 다해 천천히 그녀의 검고 투박한 발을 그의 하얀 손으로 씻겨 주기 시작했습니다.

교회 안의 모든 흑인 신자들은 그 장면을 숨소리조차 죽

여 가며 지켜보았습니다. 마치 기적의 한 장면을 보는 것과
도 같이 말이죠.

발 씻김 예식을 마친 후 올리버 판사가 말했습니다.

"마르타가 우리 아이들 어릴 때 목욕시키던 모습이 떠오
릅니다. 목욕이 끝난 후 마르타는 예쁘다고 하면서 꼭 아이
들 발에 뽀뽀해 주었죠. 지금 그 생각이 나서 견딜 수가 없
습니다."

그러더니 올리버 판사는 마르타의 두 볼에 다정하게 입
을 맞추었습니다. 이 장면을 바라보는 교회 안의 흑인 신자
들은 모두 흐느껴 울었습니다.

그들은 뜨거운 눈물을 흘리며, 자신들이 그동안 당해 왔
던 온갖 차별과 불평등을 머릿속에 떠올렸습니다. 그리고
그 아픔들이 서서히 녹아 내리는 것을 느꼈습니다.

이 일은 마침 그곳에 있던 신문기자에 의해 지역 신문에
대서특필되었는데, 그로 인해 올리버 판사는 백인들로부터
엄청난 비난에 시달려야 했습니다.

그는 결국 판사직에서 물러날 수밖에 없었죠.

그러나 올리버 판사는 그 후에, 평생 자신이 했던 가장 값진 일은 마르타의 발을 씻어 준 것이었다고 회고하였습니다.

이 사건은 남아공에서 흑인들의 가슴에 사무치게 못박혀 있던 백인에 대한 증오심을 누그러뜨리고, 흑인을 차별하던 백인들에게는 참된 인간 사랑에 대해 깊이 성찰하는 계기를 만들어 주었습니다.

다양한 사람들이 어울려 사는 사회에서는 서로 다른 가치관과 문화로 인해 여러 가지 갈등이 많이 일어납니다.

그렇기 때문에 개인마다 그런 갈등을 스스로 해소하고, 그로 인한 상처를 치유하기 위해 애쓰는 일에 무엇보다 우선 나서야 합니다. 개인의 행복은 물론 사회생활에 대한 만족도도 그에 따라 좌우되는 것이니까요.

갈등을 치유하는 화해와 서로의 다름을 같은 높이와 무

계로 인식할 수 있는 평등 의식, 이것은 다양성의 사회를 다
함께 기쁘고 행복하게 살아갈 수 있게 해 주는 아름다운 두
날개입니다.

오늘
나의 주변을 돌아보며
그동안 모르는 사이에
차별 의식을 가지고 대했던
사람은 없는지,
있다면 나는 그에게
어떤 '발 씻김'을 해줄 수 있을지
생각해 보면 어떨까요?

3색의 흙에 입맞춤하다

우리 주변에는 항상 크고 작은 갈등이 존재합니다.

개인 사이의 사소한 다툼에서부터 다양한 이익집단 간의 갈등, 넓게는 지구촌 곳곳에서 벌어지고 있는 국가 간의 정치적·경제적 충돌까지, 우리의 삶은 갈등이 그 본질인지도 모릅니다.

그런데 이러한 갈등을 빨리 해소하지 않으면 상대에 대한 감정의 골이 점점 깊어지고, 결국에는 서로에게 큰 상처를 입히는 물리적 폭력으로까지 이어집니다.

개인 간의 상해나 살인 사건, 국가나 민족 간의 전쟁 발

발 등은 갈등을 조기에 해소하지 못함으로써 발생하는 비극들이라고 할 수 있지요.

지금 이 순간에도 이념적·종교적 갈등 때문에 벌어지고 있는 지구촌 곳곳의 전쟁과 살상, 난민 문제 등은 인류의 미래를 비관적으로 바라보게 합니다.

그러나 이러한 갈등의 세상에도 어둠을 밝히는 빛과 같은 존재가 있어 사람들을 희망의 내일로 이끌어 주기도 하지요.

교황 요한 바오로 2세는 2005년 4월 2일 향년 84세로 선종하였습니다.

그는 27년의 재임 기간 중, 총 104차례 국외 방문을 통해 무려 193만km의 거리를 이동하며 활발한 외교 활동을 펼친 것으로 유명합니다.

그런 활약으로 교황은 생전에 사람들로부터 '하느님의 육상선수', '행동하는 교황'이라는 애칭을 얻었으며, 2014년에는 성인품에 올랐습니다.

그런데 교황 요한 바오로 2세가 선종하자, 세계 곳곳의 가톨릭 성당 외에도 불교 사찰, 이슬람 사원뿐 아니라 심지어 유대인 회당에서까지도 그를 추도하는 놀라운 일이 벌어졌습니다.

종교를 내세워 참혹한 전쟁까지 불사하는 인간의 역사에서는 보기 드문 일대 사건이었던 것이죠.

과연 무슨 일이 있었던 것일까요?

교황 요한 바오로 2세는 선종 몇 해 전, 건강이 좋지 않아 주위에서 만류하였음에도 불구하고 중동 지방의 성지를 방문하는 여정에 올랐습니다.

교황이 이스라엘의 벤구리온 공항에 도착하여 비행기 트랩을 내려왔을 때, 그의 앞에는 3개의 그릇에 담긴 흙이 기다리고 있었습니다. 각각의 그릇을 손에 들고 있던 사람들은 그리스도교, 이슬람교, 유대교 신자들이었습니다.

교황은 그 3색의 흙이 담긴 그릇에 입맞춤을 했습니다. 3개 종교 간의 공존과 화합, 그리고 모든 인류의 발전을 기원하는 요한 바오로 2세 교황의 따뜻한 입맞춤은 전 세계로 위대한 포용과 평화의 메시지를 전파해 주었지요.

또한 교황은 예루살렘 통곡의 벽에서 유대인 랍비가 하는 양식대로 기도를 올림으로써, 종교의 차이 때문에 타인을 배척하는 사람들에게 깊은 반성과 깨달음을 안겨 주었습니다. 서로의 다름을 인정하지 않으면 인류는 하나가 될 수 없음을, 교황이 온몸으로 보여 준 것이죠.

이처럼 교황 요한 바오로 2세는 인종과 종교를 초월하여, 전 세계에 평화와 공존, 용서와 화해를 몸소 실천을 통하여 선포하였던 인류의 큰 스승이었습니다.

우리는 주위에서 흔히 이런 말을 많이 듣습니다.
'여러 사람이 모인 자리에서는 절대로 정치와 종교 얘기를 꺼내지 마라.'
왜일까요?
정치와 종교만큼 사람들 간의 생각 차이가 크고, 대화나

토론이 어려우며, 상대방을 인정하는 것이 너무 힘든, 갈등의 원천은 없기 때문입니다.

이제 우리는 스스로 달라져야 하지 않을까요?
정치와 종교에 대해서도 편안하게 의견을 나눌 수 있고, 서로 포용하고 인정해 주며 '윈윈'하는 사회, 나와 내 집단의 이익도 중요하지만 다른 집단의 이익도 존중해 주는 사회, 이것이 바로 우리가 함께 만들어 가야 할 아름다운 공동체의 모습입니다.

포용은 자신을 포기하거나 상대방에게 굴복하는 것이 아닙니다. 그것은 너와 나, 우리 모두의 화합과 공존을 이끌어내며, 함께 희망을 일구어 가꿈으로써 행복의 꽃을 피우고 사랑의 열매를 맺게 합니다.
포용은 생명의 입맞춤입니다.

오늘은

내 앞에 놓여 있는
서로 색이 다른 그릇들을
유심히 살펴보고,
저마다의 아름다움을 향하여
따뜻한 시선과 함께
포용의 입맞춤을 보내 주면
어떨까요?